마인크래프트로 배우는
코딩 : 대형건축

Minecraft
Java Editon
@ 1.18~

MINECRAFT

마인크래프트로 배우는 코딩:대형건축

● 아삽 이상원 지음 ●

개체(entity)를 이용한 객체(object)지향 기하학 코딩
Book Version 1.1

좋은땅

시작하기 전에… (1)

—

　마인크래프트는 마이크로소프트사의 게임입니다. 몇 가지의 마인크래프트가 혼란을 주던 상황에서 마이크로소프트사는 그 거대하고 복잡하지만 체계적인 회사에 걸맞게 아주 명쾌한 분류 방식으로 마인크래프트를 정리했습니다.
　그 첫 번째는 교육용 에디션(Education Edition) 마인크래프트입니다. 마인크래프트 EE라고 줄여서 말하기도 합니다.
　다음은 자바 에디션(Java Edition) 마인크래프트입니다. 마인크래프트 JE라고도 하며, 다른 종류의 마인크래프트들을 탄생시킨 최초이자 최고의 마인크래프트입니다.
　마지막으로 최근에 가장 많은 사용자를 만든 베드락 에디션(Bedrock Edition) 마인크래프트가 있습니다. 최근엔 Windows용 마인크래프트 또는 마인크래프트 BE라고도 하며, 콘솔이나 스마트기기 등 위 두 가지를 제외한 모든 마인크래프트를 총칭합니다. 이들은 서로 멀티플레이가 가능하다는 특징이 있죠.

　이 책은 위 3가지 중 JE를 배경으로 만들어졌습니다. 그 이유는 코딩 환경이 독보적으로 갖추어진 에디션이기 때문입니다. 다른 마인크래프트는 JE의 1.12버전 이하 수준에서 관리가 되고 있죠.

　그 이유는 역시나 명확합니다. EE는 마인크래프트에서 코딩하지 않고 함께 제공되는 블록 방식의 코딩 기능을 활용하도록 제작되었습니다. 일종의 스크래치와 유사한 방식인데 미국의 학교에서 블록 방식의 코딩을 기본으로 하기 때문에 마이크로소프트사가 그들의 학생들을 위해 특별히 제작한 에디션인 거죠. 추가로 다른 에디션들에 비하여 더 안정적이고 빠른 방식으로 개발되었다고 합니다.

  BE는 재미를 위한 게임에 가깝습니다. 저사양의 콘솔들에서도 원활히 플레이를 할 수 있도록 최대한 가볍게 만들어졌죠. EE처럼 교육용 목적의 기능들을 가지고 있지도 않습니다. 오로지 게임을 즐길 수 있게 만들어진 것입니다. 물론 JE의 수많은 플러그인처럼 제3자에 의해 제공되는 EE와 유사한 블록 방식의 코딩 환경을 활용할 수도 있습니다.

  모든 에디션들은 기초적인 코딩은 가능합니다. 원래 마인크래프트는 코딩 공부도 가능하도록 개발된 게임이니까요. 하지만 1.13버전부터의 JE는 정말 특별하죠.

시작하기 전에… (2)

―

필자가 외국계 기업에서 수년간 일하면서 경험한 이야기입니다.

그 당시 담당 업무는 밸브(valve)를 열고 닫아 유체의 흐름을 제어하는 알고리즘 개발이었습니다. 하루는 관리자가 불러 제게 물었죠. "밸브를 열면 출력이 오릅니까?" 저는 말했습니다. "출력이 오를 수도 있고, 내릴 수도 있습니다."

관리자는 크게 실망했습니다. 밸브를 여는 정도에 따라 출력도 비례하여 오를 수 있도록 밸브의 개방 정도를 알려 달라는 요구로 이야기는 끝났습니다.

또 하루는 다른 파트 관리자와 미팅을 하게 되었습니다. 그는 밸브를 그냥 열어 두면 시스템의 출력도 그대로 유지되는 것이 아니냐는 얘기를 해 왔습니다.

저는 전혀 그렇지 않고 센서를 통해 밸브의 개방 정도를 피드백 제어해야만 출력의 수준을 유지할 수 있다고 말해 주었죠.

그 또한 크게 실망하며 대화를 끝냈습니다.

그때는 몰랐습니다. 아무리 동양인일지라도 서양인의 사고방식에 맞춰 오랜 시간 함께 일을 할 경우 그들의 사고방식과 유사하게 변한다는 것을 말이죠.

어느 학자의 설명에 따르면 서양인과 동양인의 사고방식은 다르다고 합니다.

과거 데이터가 상향곡선을 그린다고 가정할 때 다음의 예상되는 데이터를 서양인은 당연히 계속 상승할 거라고 생각하고, 동양인은 계속 상승했으니 이젠 하향할 때가 되었다고 생각한다는 것입니다.

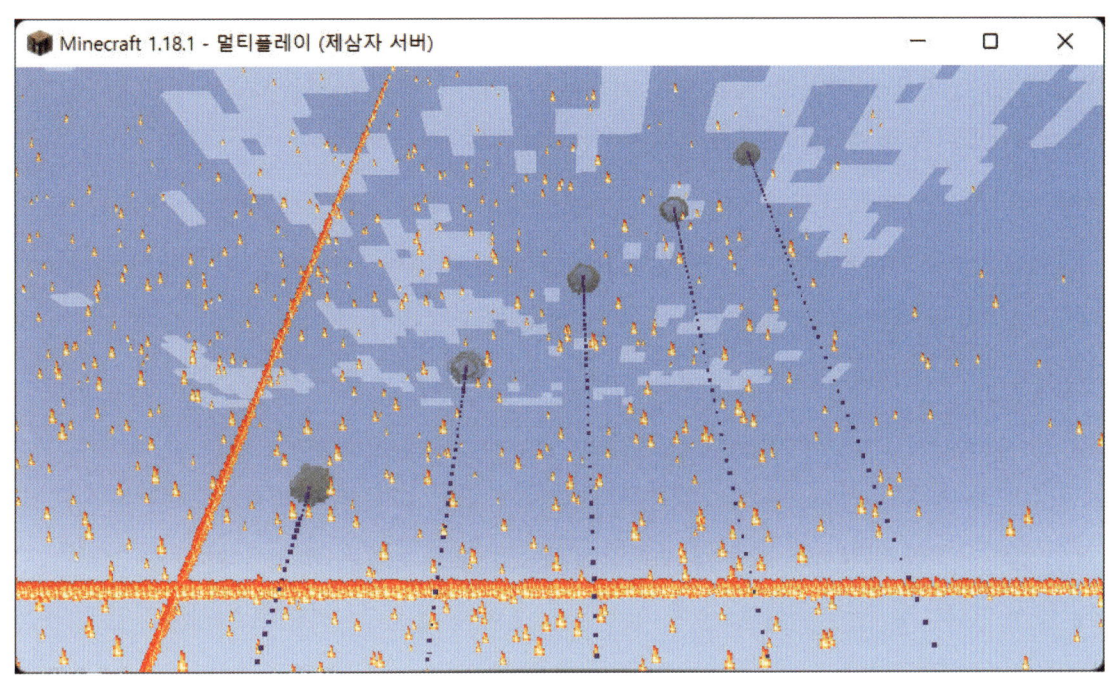

　서양인들은 추상적이고, 모호하며 이럴 수도 있고 저럴 수도 있는 동양인들의 비논리적 방식과 달리 자신들의 생각하는 방식은 데이터에 근거하며 논리적이라고 말합니다.

　그러나 저의 과거 직장 관리자들처럼 그들의 사고방식이 꼭 논리적이라고 말할 수는 없습니다.

　단도직입적으로 말하자면 그들의 사고는 단순함입니다. 논리적인 것과는 다른 겁니다. 서양인들도 그들의 사고방식이 논리적이지 않다는 것을 알고 있었습니다. 그래서 그들은 이미 단순한 그들의 사고방식을 논리적으로 향상시키기 위해 5~6세부터 코딩 교육을 의무적으로 진행해 오고 있습니다.

　비논리적인 사고 방식이 문제이듯이 단순함을 근거로 하는 사고방식도 문제가 되기 때문입니다. 단순함이 나쁜 건 아니지만 세상사가 단순한 것만 있는 것이 아니기 때문에 매우 복잡한 상황을 이해하고 해결하기 위해서는 수없이 많은 문제들을 논리적으로 해석하고 풀어 나갈 수 있는 사고방식이 필요한 것이죠.

그들의 선택은 이미 맞았다고 평가받고 있습니다. 하나의 세대를 넘어 그다음 세대까지 해당 교육을 지속하면서 현재 인류의 모든 분야에 주도적인 위치를 선점, 유지하고 있다는 것이 그 평가 내용입니다.

우리도 논리적인 사고 능력을 향상시키기 위해 코딩 교육을 시작했습니다. 하지만 그 필요성과 이유가 빈약하기 때문에 보편적인 교육환경에서 많은 경험을 할 수는 없지만 저와 함께 이 책 및 관련 책들을 통해 재미있게 경험해 봅시다. 서문은 거창하지만 내용은 여러분이 잘 알고 있는 내용들이며 쉽게 따라 할 수 있는 코딩 수준입니다.

마인크래프트 자바 에디션을 준비하고 시작하세요.

순서

시작하기 전에…(1) · 4
시작하기 전에…(2) · 6

시작하는 글 · 11
1. 건축 작업에 필수적인 명령어 확인 · 14
    1) 고급 도구 설명 보이기 · 14
    2) 청크 경계 보이기 · 14
    3) 히트박스 표시 · 16
    4) 게임모드 바꾸기 · 17
    5) 플레이어의 좌표 정보 저장하기 · 17
    연습문제 1-1 · 19
    연습문제 1-2 · 21
2. 3차원 직각 좌표계 이해하기 · 23
    1) 플레이어의 현재 위치 좌표를 보여 주기 · 23
    2) 직각 좌표계에서 좌표축과 평행한 직선 그리기 · 24
    3) 면 그리기(만들기) · 25
    4) 정육면체 만들기 · 26
    연습문제 2-1 · 28
    연습문제 2-2 · 30
    연습문제 2-3 · 31
    연습문제 2-4 · 32
3. 파티클을 이용한 극 좌표계 이해하기 · 34

1) 파티클이 아닌 다른 것으로 연습한다면… ・34
　　　2) 기본 파티클 만들기 ・40
　　　3) 상세 속성 코드를 모두 적용한 파티클 ・41
　　　4) 플레이어를 따라다니는 파티클 만들기 ・42
　　　연습문제 3-1 ・44
　　　연습문제 3-2 ・46
　　　연습문제 3-3 ・48

　4. 공간도형 만들기 (fill로 만드는 육면체를 제외한 도형들) ・51
　　　1) 기하학에 근거한 이 책의 명령어 기법을 활용하여 만든
　　　　 다리 구경하기와 기본기 연습 ・51
　　　연습문제 4-1 ・55
　　　연습문제 4-2 ・58
　　　연습문제 4-3 ・60
　　　연습문제 4-4 ・62
　　　2) 대형 건축에 도움을 주는 보조선과 개체를 이용한
　　　　 객체지향 건축 코딩 ・64
　　　연습문제 4-5 ・71
　　　연습문제 4-6 ・88

끝내는 글 ・95
함께한 친구들 ・98

시작하는 글

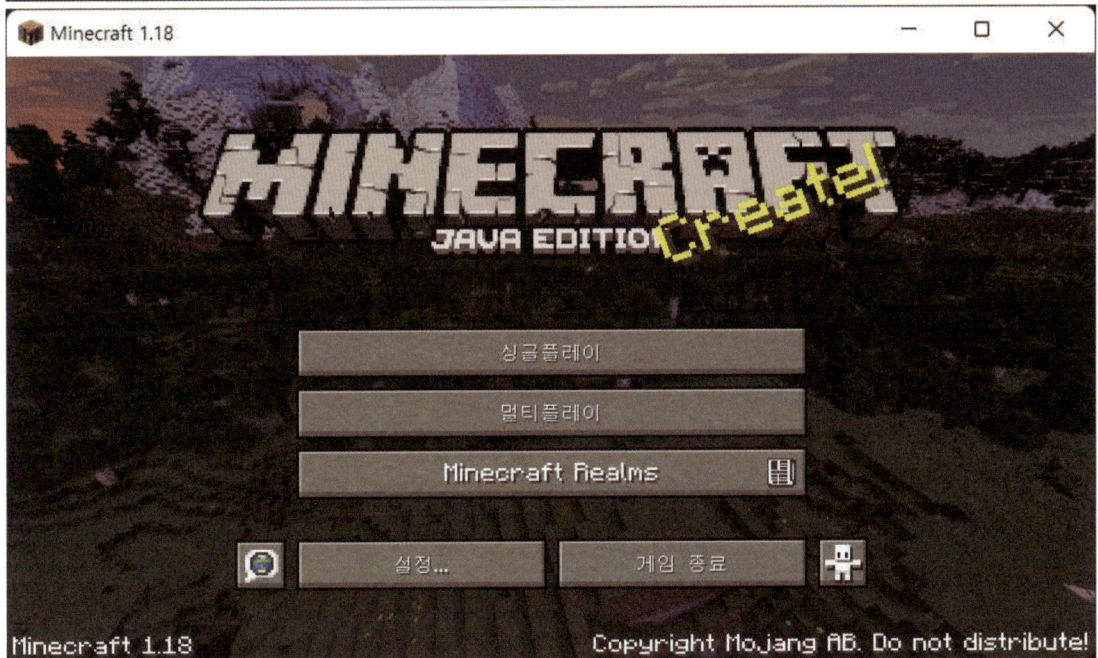

이 책은 마인크래프트 1.18을 기반으로 작성되었습니다. 하지만 1.17에서도 문제없이 작동하는 명령어들입니다. 단지 높이에 해당하는 Y축 좌표만 다를 뿐입니다. 하지만 1.13 미만에서는 대부분 호환되지 않을 것입니다. 이 점 참조하여 다음과 같이 시작해 봅시다.

이 책을 시작하고 새로운 세계를 만들면 항상 아래와 같은 설정을 진행하세요. 이 외 기초적인 명령어의 설명은 대부분 생략했습니다. 기본적인 마인크래프트 지식과 코딩 능력을 갖춘 친구들이 관심을 보일 만한 책이니까요. 혹시 기초 명령어를 모른다면 필자의 다른 책들이나 인터넷을 통해 공부하세요.

```
/difficulty peaceful
/gamerule doDaylightCycle false
/gamerule doWeatherCycle false
```

준비가 되었다면 지금부터 개체(entity)를 이용한 객체(object)지향 프로그래밍(코딩) 공부를 시작하겠습니다. 막연히 이런저런 코딩을 해 보는 것이 아니라 기하학 기반의 건축을 하면서 말이죠. 생소한 단어들이 몇 개 나열되었나요? 개체는 여러분이 이미 알고 있는 엔터티(entity)를 말합니다. 좀비, 주민, 크리퍼 등…. 마인크래프트를 경험한 여러분은 추가적인 설명이 필요 없는 개념이군요.

객체(Object)는 목적이라는 단순 설명보다는 포괄적인 설명이 효과적일 것 같습니다. 저의 기존 저서들이나 과거의 프로그래밍 방식은 메인 루프(함수)가 모든 개체들에 대한 관리를 해야만 했습니다. 동시에 작동할 수 없기 때문에 하나하나 순서에 따라 실행하고, 결과를 확인하는 방식이었죠. 마치 작은 클래스 내에서 선생님이 모든 학생들을 관리하는 방식과 같습니다. 하지만 하나의 클래스가 매우 비대해지거나 여러 개의 클래스를 관리해야 한다면 이런 방식은 너무나 비효율적일 것입니다. 학생들의 출석만 체크하는 데도 몇 시간이 걸릴 테니까요.

이런 경우 그룹을 만들어 각 그룹의 관리자를 둡니다. 클래스별 선생님들이 따로 있고 선생님들이 자신의 클래스 최종 정보를 상급자에게 보고하는 방식으로 관리하는 것처럼요. 객체지향 프로그래밍(코딩)도 이러합니다. 프로그램 코딩양이 급격히 증가함에 따라 개발자들은 모든 개체를 순서에 따라 관리하는 것이 아니라 각각의 객체를 만들고 그 객체들은 자신의 허용하는 범위 내에서 최선의 퍼포먼스를 유지하며 다른 객체들과의 요약 데이터 정보만 교류하는 것이죠. 간단히 정리하자면 많은 코딩을 복잡하게 고민해서 서로의 관계를 관리하는 것이 아니라 단순화시킨 기능별 코딩을 논리적으로 서로의 관계를 연결해 줌으로써 거대하고 복잡한 기능을 수행하는 방식이 객체지향 프로그래밍입니다.

　마지막으로 기하학이 있군요. 이것은 쉽게 수학적으로 도형을 정의하는 것입니다. 그림을 그리듯 도형을 그리는 것이 아니라 길이와 각도 등과 같이 수학을 기반으로 그리는 것이죠. 이 책은 3차원 공간도형을 객체지향 코딩을 통해 만들고 조합하여 여러분의 건축 능력이 최상급이 되도록 도와줄 것입니다.

1. 건축 작업에 필수적인 명령어 확인

본격적인 내용을 다루기 전에 다시 한번 강조합니다. 이 책은 건축 전문가가 될 수 있도록 도움을 주는 건축책입니다. 하지만 건축은 초보자들도 하죠. 다른 점을 찾는다면 건축 전문가는 수작업으로 블록들을 배치하지 않습니다. 코딩을 통해 빠르게 기하학적인 형상을 거대하게 만들죠. 결국 이 책의 주제는 표면적으로는 건축이지만 궁극적으로는 코딩 연습을 최종적인 목적으로 합니다.

건축 내용을 다루기 위해서는 기본적으로 건축에 도움을 주는 명령어 몇 개를 다룰 필요가 있습니다. 이 외에 게임과 코딩에 관련된 명령어들은 기존 교재나 온라인 자료들을 참고하세요.

1) 고급 도구 설명 보이기

속성코드라고도 말하는 고급 도구 설명은 명령어 기반의 아이템 정식 명칭입니다. 단축키 F3+H로 숨기거나 보이게 할 수 있죠.

2) 청크 경계 보이기

청크는 마인크래프트 데이터 단위입니다. 데이터의 종류가 너무 많아 혼선의 여지가 있어서 간략히 추가 설명을 하자면 생성된 세계의 모든 데이터를 하나의 파일에 넣는다면 파일을 불러오거나 저장할 때는 물론 그 안에서 원하는 데이터를 찾기에도 문제가 많이 발생할 것입니다. 컴퓨터의 메모리는 유한하니까요. 그래서 파일을 청크 단위로 나누어 관리합니다. (1:1 매칭은 아님.) 그리고 그 청크의 경계를 보는 단축키는 F3+G입니다.

건축과 코딩을 할 때 무의미한 기능으로 보이겠지만 데이터의 범위와 단위에 대한 개념이 없다면 블록 등을 생성할 때 '이게 왜 안 되지? 명령어가 잘못되었나?' 하는 등의 시간 낭비를 하게 되죠.

그럼에도 불구하고 해당 단축키를 사용하는 경우는 매우 드물죠. 이 책에서도 사용하지 않습니다. 차후 자바 언어를 공부해서 플러그인을 개발하게 된다면 그때 플러그인의 기능에 따라 많이 사용할 수도 있으니 참고 삼아 알아 두세요.

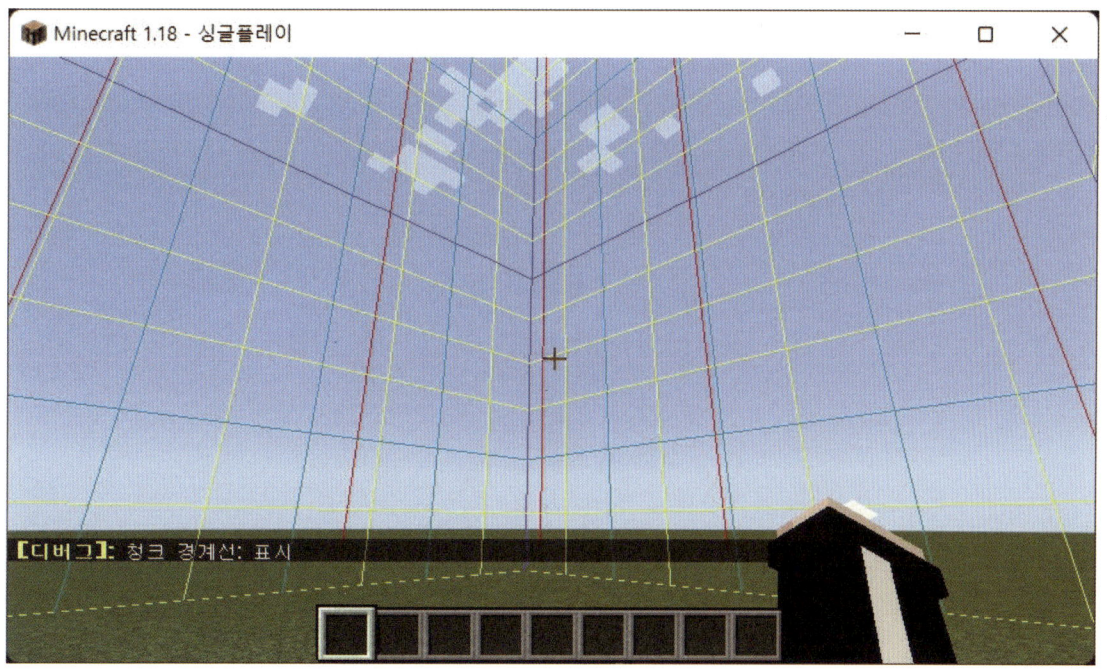

3) 히트박스 표시

앞선 청크 보기에 비하여 매우 유용한 히트박스 표시입니다. 하지만 이 또한 코딩을 할 때, 또는 건축을 할 때 꼭 필요하지 않습니다. 여러분이 마인크래프트 환경을 이해하고 개념을 잡는 데 도움을 주는 것이 가장 큰 목적이죠. 개체(entity)들을 단순히 게임 내의 무언가로만 보는 것이 아니라 프로그래밍의 대상이라는 것을 이해하는 데 도움을 줄 것입니다. 개체의 크기, 개체의 시선 방향 등의 데이터를 보다 시각적으로 표시해 주니까요.

책의 중반부에 나오는 극 좌표계에서 추가적인 설명을 하지 않더라도 히트박스 표시를 켜거나 끄며 상황을 이해해 나가기 바랍니다. 해당 단축키는 F3+B입니다.

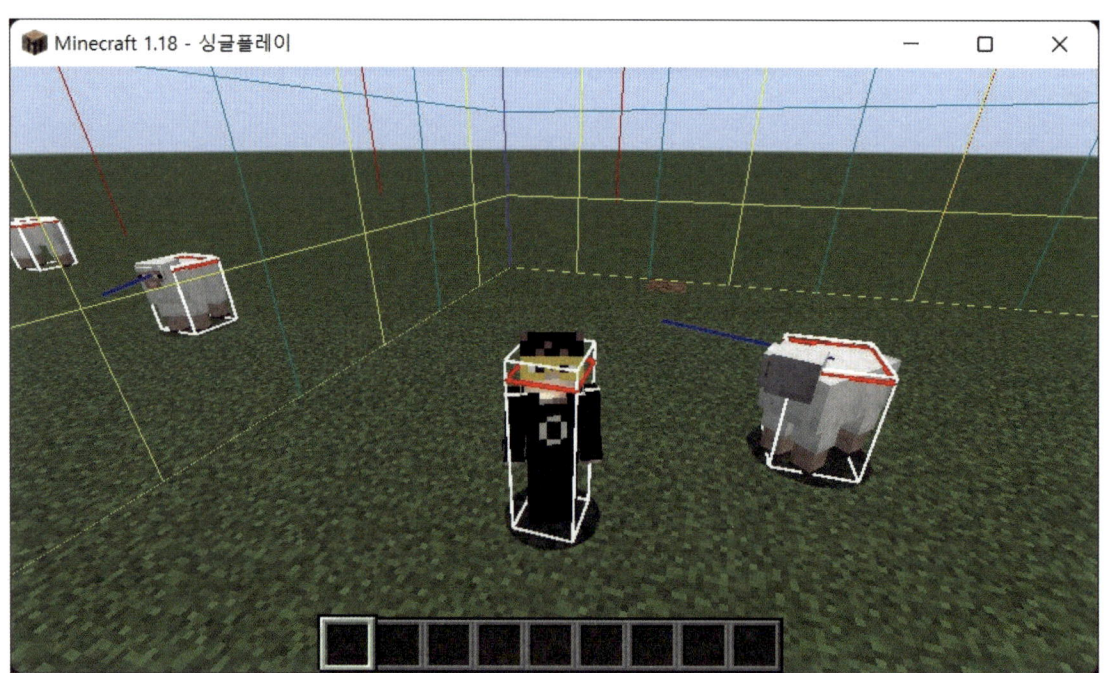

4) 게임모드 바꾸기

　너무 기본적인 명령어라 생략해도 좋겠지만 이 또한 단축키에 포함되어 있어 간단히 언급하고 넘어가겠습니다. 단축키는 F3+F4입니다. F3를 누른 상태에서 F4를 누를 때마다 모드가 바뀌는 방식이죠.

5) 플레이어의 좌표 정보 저장하기

　일반적인 방식은 F3를 눌러 표시되는 자신의 좌표 정보를 외우거나 채팅 창 등에 메모를 하여 사용합니다. 하지만 이 또한 단축키 기능이 있으며 보다 더 명확한 위치 정보를 정의 내리죠. 단축키는 F3+C입니다. 한 번 누르면 아래 그림과 같이 클립보드에 해당 위치 정보가 복사됩니다.

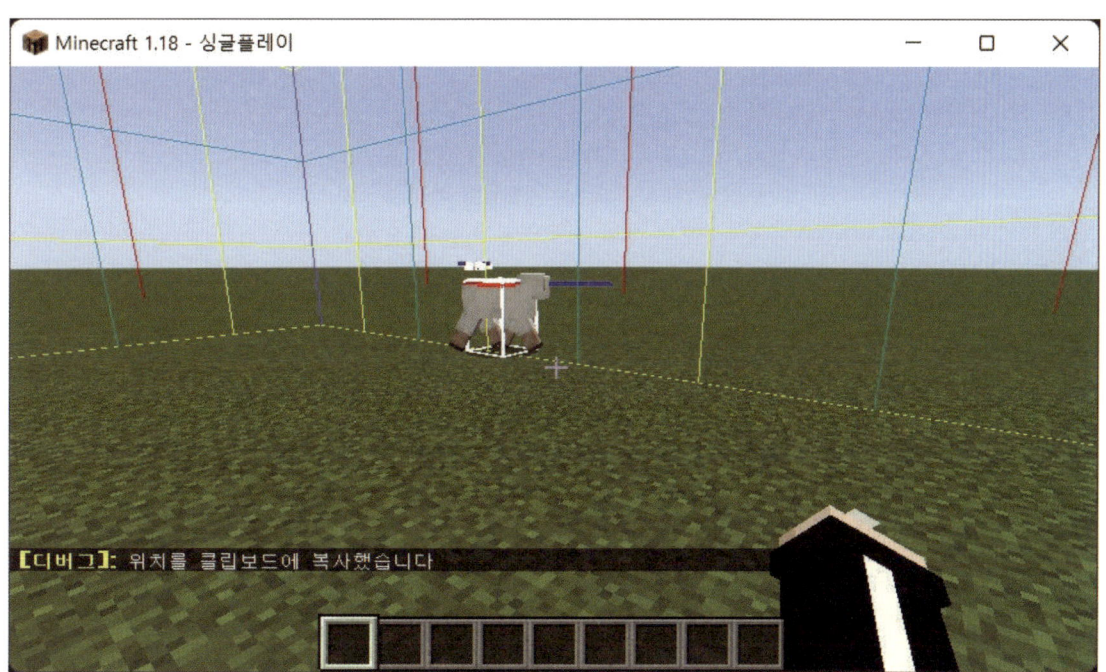

그런 후 원하는 곳에 Ctrl+V로 붙여 넣을 수 있습니다. 아래와 같이 말이죠.

```
/execute in minecraft:overworld run tp @s 108.17 -60.00 -25.89 -255.15 24.00
```

눈여겨볼 부분은 단순히 tp만 사용하는 게 아니라 execute 기반이며 세계 구분과 x, y, z좌표 정보, 마지막으로 플레이어가 바라보는 방향(Pan, Tilt) 정보도 포함하고 있습니다. 바라보는 방향은 고개를 어디로 돌린 상태인가에 해당하는 Pan과 고개를 어느 정도 들고 있나에 해당하는 Tilt 정보로 정의를 내립니다.

이 외에 몇몇 단축키와 많은 명령어들이 있습니다. 앞서 언급한 것처럼 이 책에서는 그들에 대한 설명을 다루지 않으니 너무 모르겠다면 다른 책들을 통해 기본적인 명령어와 코딩 방법을 공부한 후 다시 시작하길 권합니다.

연습문제 1-1

아래 그림은 초등학교 2학년 최지호 학생이 만든 점프대입니다. 방식은 왼쪽 명령어 블록의 발판을 밟으면 오른쪽 명령어 블록으로부터 2칸 위로 텔레포트됩니다. 반대로 오른쪽 명령어 블록의 발판을 밟으면 왼쪽 명령어 블록으로부터 2칸 위로 텔레포트됩니다. 즉, 왼쪽 오른쪽 왼쪽 오른쪽을 무한정으로 점프 점프하게 되죠. 여러분도 한번 만들어 보세요. 기본 실력 확인을 위한 좋은 연습이 될 것입니다.

풀이 설명

최지호 학생의 좌표 데이터는 여러분과 다를 것입니다. 그래서 좌표만큼은 예를 들어 설명할 테니 여러분의 좌표 데이터에 맞춰 변경 적용하세요. 예를 들어 왼쪽 명령어 블록의 위치 좌표가 0, -60, 0이고 오른쪽 명령어 블록의 위치 좌표가 0, -60, 3이라면 왼쪽 명령어 블록에는 아래 첫 번째 명령어를 입력하세요. 그리고 오른쪽 명령어 블록에는 두 번째 명령어를 입력한 후 발판 설치 및 테스트를 합니다. 계속해서 점프 점프를 반복하지 않거나 알 수 없는 곳으로 이동된다면 좌표를 잘못 입력한 겁니다. 또한 아무런 작동을 하지 않는다면 명령어 블록이 작동하지 않을 정도로 설정상에 문제가 있거나 기본 명령어 포맷이 틀렸다는 것이죠. 마지막으로 asap9는 최지호 학생의 아이디이니 여러분의 아이디로 수정하세요.

```
/tp asap9 0 -57 3
/tp asap9 0 -57 0
```

연습문제 1-2

　아래 그림은 앞선 최지호 학생과 함께 공부한 초등학교 6학년 김대현 학생이 만든 세계를 넘나드는 점프대입니다. 이 또한 점프를 반복하는 작동을 하지만 필요에 따라서는 단순히 세계를 이동하는 순수 텔레포트 장치로 사용할 수도 있죠. 구체적으로 여러분이 만들어 볼 것은 오버월드와 네더에 점프대를 만들고 두 점프대 사이를 점프하도록 코딩하는 것입니다.

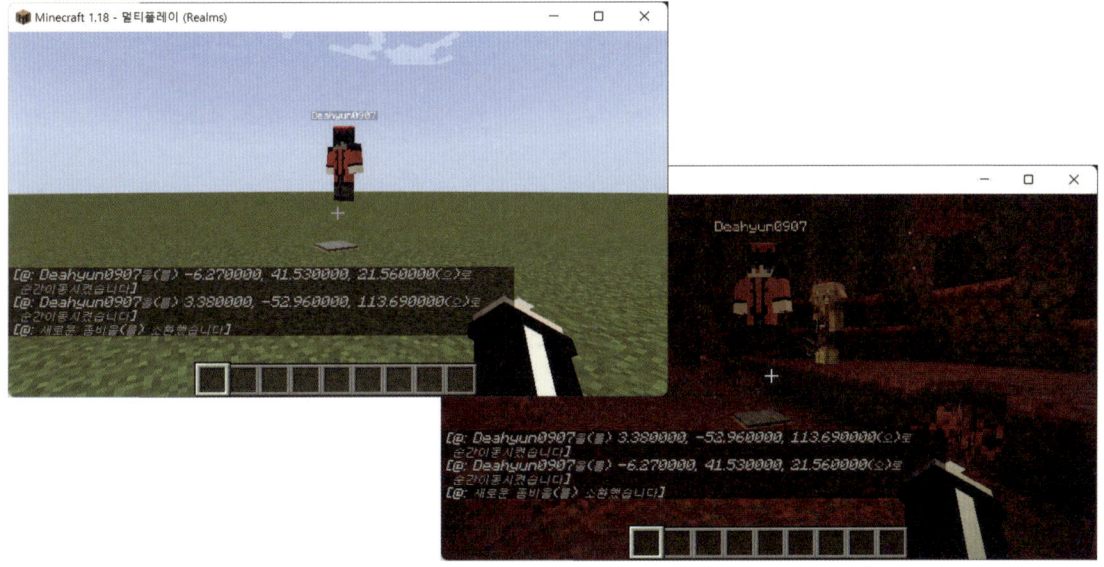

풀이 설명

실제 김대현 학생은 오버월드와 네더는 물론 앤드월드까지도 이동하는 3포인트 점프대를 만들었습니다. 여러분도 충분한 실력이 된다면 3포인트 이상의 점프대를 만들어 보세요. 우선 위 문제는 다음과 같이 만들면 됩니다. 오버월드에 명령어 블록과 발판을 설치합니다. 그 명령어 블록의 좌표 데이터가 0, -60, 0이라고 가정하고, 네더에도 똑같이 발판이 올라가 있는 명령어 블록을 설치합니다. 그 명령어 블록의 좌표는 100, 100, 100이라고 가정하죠. 그렇다면 오버월드의 명령어 블록에는 아래 첫 번째 명령어를 입력하고, 네더의 명령어 블록에는 두 번째 명령어를 입력합니다. 이 또한 아이디와 좌표를 여러분에게 맞게 수정해야만 합니다. 좌표가 어렵다면 좌표 공부부터 선행해야만 코딩이 가능하다는 것 알고 있죠?!

```
/execute in minecraft:the_nether run tp Deahyun0907 100 103 100 90 0
/execute in minecraft:overworld run tp Deahyun0907 0 -57 0 90 0
```

2. 3차원 직각 좌표계 이해하기

앞장에서는 3차원 좌표계에서 하나의 점에 대한 연습을 했다고 볼 수 있습니다. 해당하는 점 위치로 텔레포트했으니까요. 이 장에서는 직각 좌표계에 대해 보다 구체적으로 이해할 수 있도록 연습하는 내용을 다룹니다. 아직 본격적인 기하학적 대형 건축을 하기에는 알아야 할 것들이 많으니 차분히 따라 해 봅시다. 아, 그런데 좌표를 너무 모르겠다고요? 다른 책들을 봤는데도 모르겠다고요? 그렇다면 하나의 예제를 같이 만들어 보고 넘어갑시다. 이 예제는 여러분의 위치 정보를 채팅 창에 보여 줍니다. F3으로 자신의 좌표를 보는 것과 달리 이 방법은 자신뿐만 아니라 다른 플레이어, 또는 다른 개체의 좌표도 볼 수가 있죠.

1) 플레이어의 현재 위치 좌표를 보여 주기

아래의 명령어를 명령어 블록에 입력하고 '반복형'으로 설정한 후 레드스톤 블록을 옆에 배치해 보세요. 이때 asap00은 저의 아이디입니다. 여러분의 상황에 맞게 아이디를 수정하세요. 또한 아래 그림처럼 대화설정에서 '미입력시 보여지는 창 높이'를 적당히 수정해야만 시야가 확보됩니다. 정상 작동한다면, 여러 세계, 여러 장소를 돌아다니면서 좌표의 변화를 살펴보세요.

```
execute as @a run tellraw @a ["X:",{"nbt":"Pos[0]","entity":"asap00"}, " / Y:",{"nbt":"Pos[1]","entity":"asap00"}, " / Z:", {"nbt":"Pos[2]","entity":"asap00"}]
```

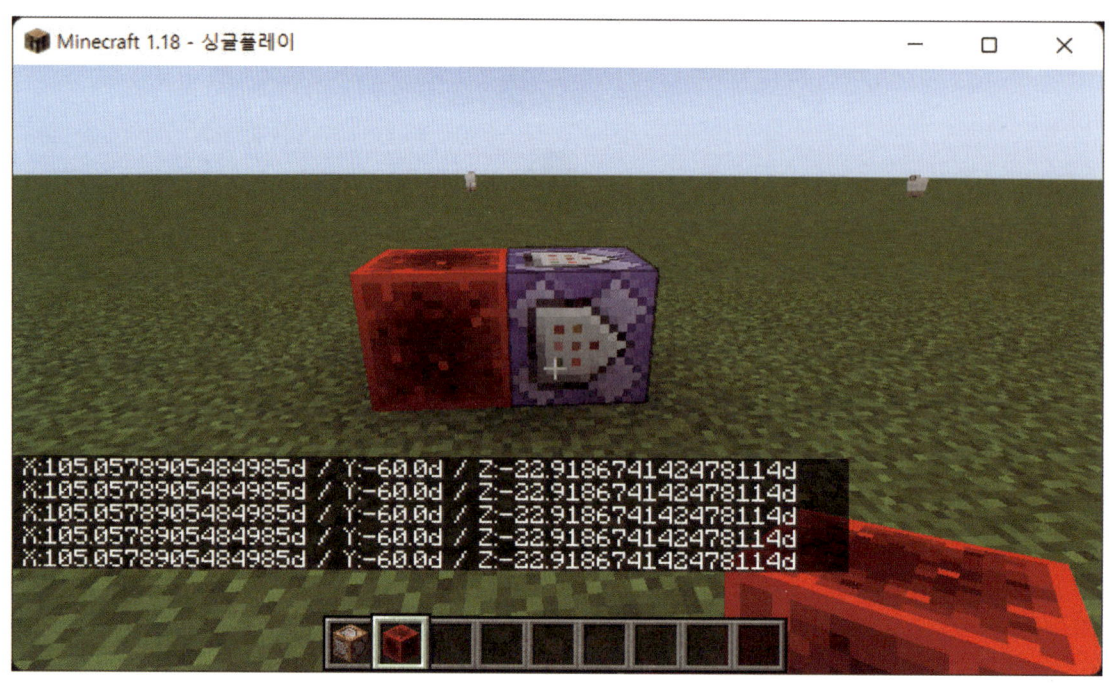

2) 직각 좌표계에서 좌표축과 평행한 직선 그리기

직각 좌표계를 수학시간에 다루듯 설명하는 방법도 좋겠지만 마인크래프트 세계에서 직선을 그리며 자연스럽게 이해하는 것도 좋을 것입니다. 바로 이 책의 목적, 효과이기도 하죠.

가장 먼저 완전한 평지의 세계에서 아래 4개의 명령어를 실행하세요. 그러면 아래 그림처럼 3개의 직선이 그려질 것입니다.

이 선들 중 X축 선은 빨간색으로 표현합니다. 마인크래프트뿐만 아니라 일반적으로 이렇게 지정하죠. 우리가 색상을 RGB 순서로 말하듯 이 또한 그러합니다. 그렇다는 건 Y축은 녹색, Z축은 파란색으로 표현한다는 말이기도 하죠.

선만 그리고 끝내지 말고 각 축마다 어느 방향이 + 방향인지, - 방향인지도 확인하세요. 그리고 대각선을 어떻게 그릴 것인지도 친구들과 토의해 보세요. 그 답은 이 책의 뒤

쪽에서 다루어집니다.

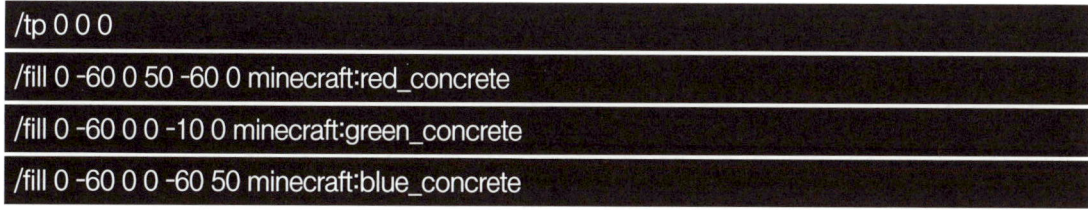

3) 면 그리기(만들기)

앞에서 그린 선들을 한 칸씩 옆으로 이동하며 여러 개 만들면 면이 될 것입니다. 선 그리기 연습도 할 겸 여러 선을 반복적으로 그려도 좋겠지만 이 책에서는 생략하고 다음과 같은 방법으로 면을 만들겠습니다.

다음 3개의 명령어를 실행하면, 다음 그림과 같은 3개의 면이 만들어질 것입니다.

콘크리트 블록이라 색감이 조금 부족하지만 해당되는 색상들은 앞선 선들의 색들처럼 의미가 있습니다. 여러분이 이미 이해했듯이 말이죠. (색의 가산 혼합을 적용했습니다.)

```
/fill 1 -59 0 50 -10 0 minecraft:yellow_concrete
/fill 0 -59 1 0 -10 50 minecraft:light_blue_concrete
/fill 1 -60 1 50 -60 50 minecraft:pink_concrete
```

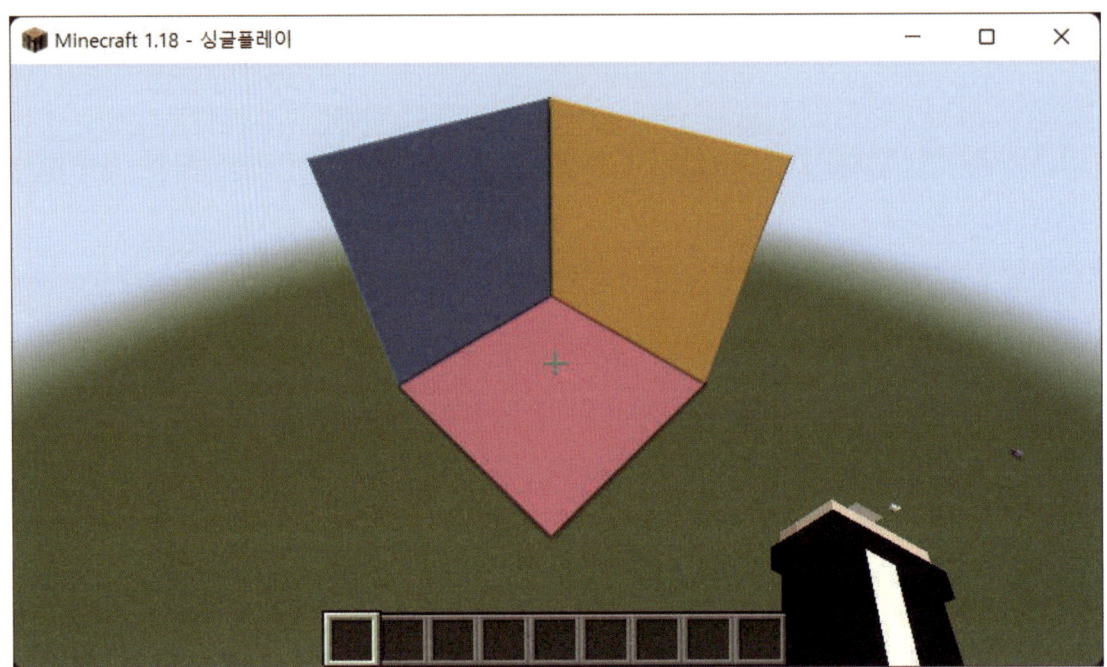

4) 정육면체 만들기

마지막으로 면들의 모임인 육면체를 만들겠습니다. 이왕이면 예쁘게 정육면체로 만들어 볼 텐데 모든 색상을 합치면 흰색이 될 것입니다. 물감은 검정이지만 컴퓨터 화면이니 앞서 말한 것처럼 가산 혼합을 하겠습니다.

다음 명령어를 실행하면 그림처럼 정육면체가 만들어집니다. 여러분은 마인크래프트가

오래전부터 제공한 fill 명령어로 여러 가지 색상의 다양한 형상을 만들 수 있을 것입니다.

한마디로 건축의 기본기는 갖추어졌다는 것이죠. 하지만 좌표에 대한 이해도가 충분해야만 가능할 것입니다.

이 정도를 다루기 위해 건축 전문 책을 만들었을까요? 당연히 그렇지 않습니다. 예를 들어 대각선과 같이 쉽게 만들 수 없는 원이나 포물선 등은 어떻게 만들까요? 역시 이 책의 후반부에서 다루게 되니 기대하시고 지금은 좌표에 대해 충분히 이해하고 연습하기 바랍니다.

```
/fill 10 -50 10 40 -20 40 minecraft:white_concrete
```

연습문제 2-1

 아래 그림은 초등학교 5학년 권호연 학생과 만든 스코어보드 기반의 좌표 표시기입니다. 플레이어의 위치 좌표를 스코어보드에 표시하는 것이죠. 타이틀에 표시하는 방법도 있지만 시야를 가린다는 단점 때문에 스코어보드를 선택했습니다. 문제를 정리해 보면, 우선 스코어보드의 이름은 Andrewkwon으로 했습니다. (권호연 학생의 아이디일 뿐 다른 의미는 없습니다. 편하게 수정하세요.) 그리고 asap00의 좌표를 표시합니다. 일반적인 오버월드에서 제(asap00)가 어딘가에 숨으면 학생들이 좌표를 보고 저를 찾는 놀이를 할 수 있습니다. 좌표 공부하는 방법 중 하나죠. 여러분도 한번 만들어 보세요. 명령어에 대한 어느 정도의 실력이 있다면 가능할 것입니다. 이 문제는 풀이 과정보다 풀이 후 선생님이나 친구들과 함께 좌표 공부하는 데 더 많은 시간을 보내길 권합니다.

풀이 설명

가장 먼저 명령어 블록에 대한 기본 지식이 필요합니다. 명령어 블록을 플레이어에게 주는 등의 기초적인 명령어에 대한 설명은 생략합니다. 자신의 기존 지식이나 선생님, 친구, 기존의 책들, 인터넷 등을 활용하세요.

명령어 블록을 손에 들고 아래의 명령어를 실행합니다.

```
/scoreboard objectives add Andrewkwon dummy
```
```
/scoreboard objectives setdisplay sidebar Andrewkwon
```

앞선 명령어의 첫 번째는 dummy 스코어보드를 새로 만든 것이고, 두 번째는 스코어보드를 화면의 측면(sidebar)에 디스플레이하도록 설정한 것입니다. 실행 직후에 바로 스코어보드가 보이진 않습니다. 스코어보드는 그 내부 데이터의 변화가 생길 때 표시되기 시작합니다.

다음은 명령어 블록 3개를 배치합니다. 그리고 아래의 명령어 3개를 명령어 블록에 하나씩 입력합니다. 그런 다음, 아래의 그림처럼 명령어 블록의 설정을 반복형, 항상 활성화로 변경하세요. 명령어는 data라는 명령어로 asap00의 위치 데이터를 취득한 후 스코어보드 내의 X, Y 또는 Z에 해당 값을 입력해 주는 구조입니다. 스코어보드의 이름(Andrewkwon), 플레이어의 아이디(asap00) 그리고 스코어 이름(X, Y, Z)은 필요에 따라 수정할 수 있어요.

```
execute as asap00 store result score X Andrewkwon run data get entity asap00 Pos[0]
```
```
execute as asap00 store result score Y Andrewkwon run data get entity asap00 Pos[1]
```
```
execute as asap00 store result score Z Andrewkwon run data get entity asap00 Pos[2]
```

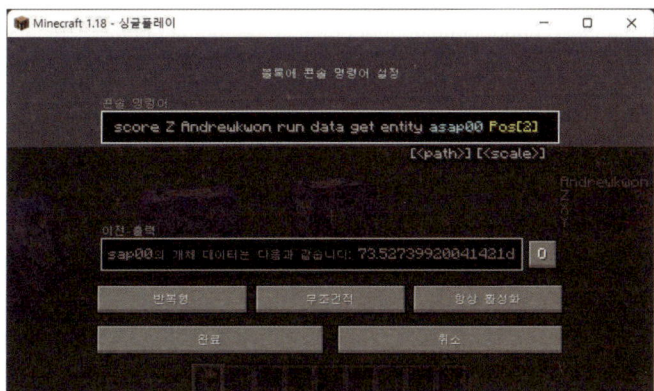

연습문제 2-2

fill 명령어는 활용 가치가 매우 높습니다. 육면체를 만드는 가장 효과적인 방법이니까요. 앞선 설명에서 선과 면 또한 사실은 육면체의 한 형태입니다. 그렇다면 초등학교 4학년 배은빈 학생이 만든 다음 그림과 같은 형태는 어떻게 만들까요. 참고로 내부를 보기 위해 몇 개의 블록을 제거한 상태입니다. (내부가 비어 있음.) 또한 명령어는 단 한 줄에 불과합니다.

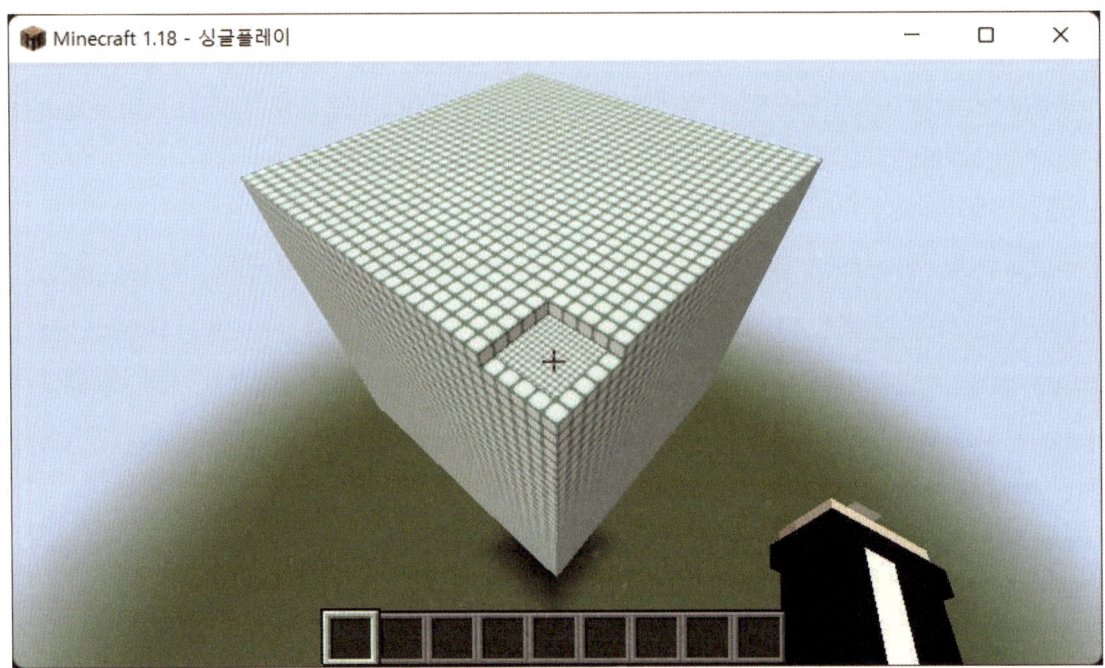

풀이 설명

이 명령어를 이미 알고 있나요? 바로 fill 명령어의 hollow를 이용한 것입니다. 너무 쉬운 문제이긴 하지만 3차원 좌표의 감각을 키우는 데 너무나도 중요한 명령어라 다루게 되었습니다. 아래의 명령어 2개를 실행하여 직접 확인해 보세요. tp는 설명의 편의를 위해 추가했습니다.

```
/tp 90 50 90
/fill 100 10 100 130 40 130 minecraft:sea_lantern hollow
```

연습문제 2-3

　fill 명령어의 중요성을 감안하여 하나의 문제를 더 풀어 보겠습니다. 아래 그림 역시 배은빈 학생이 단 하나의 명령어를 사용하여 거대한 그릇(탱크) 안에 물을 채운 결과입니다. 여러분도 한번 해 보세요.

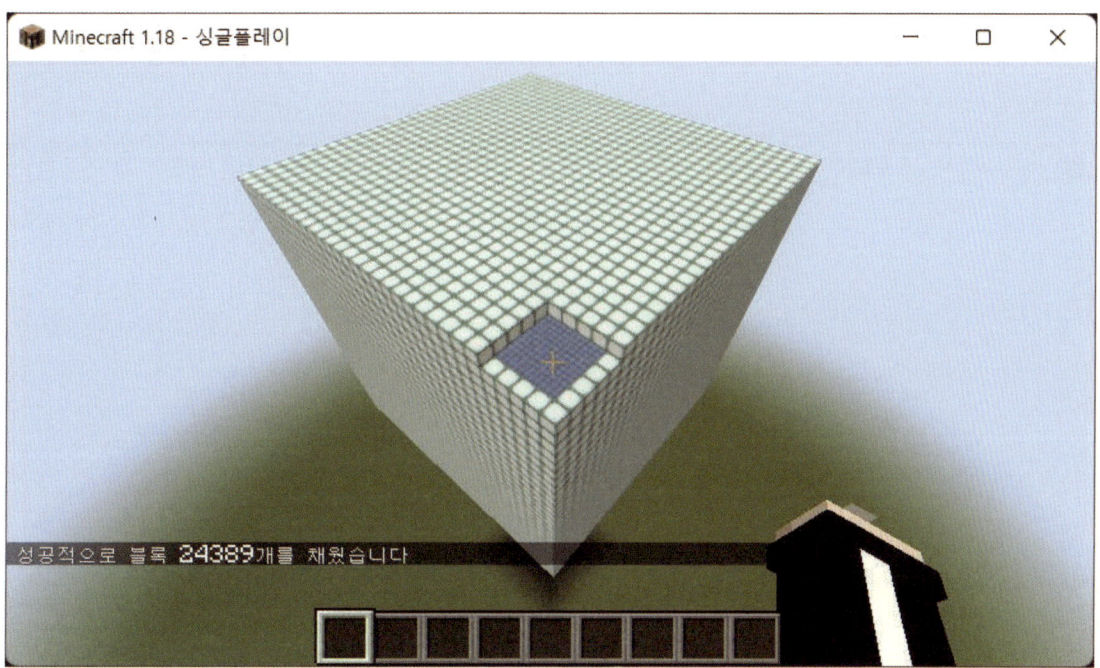

풀이 설명

연습문제는 설명과 이해의 편의를 위해 간단한 대상물을 준비하여 적용하였지만 실제 건축 작업을 할 땐 복잡한 구조의 건축물 내의 특정 블록만 다른 블록으로 교체하고 싶을 때가 종종 생깁니다. 그럴 때마다 수작업을 한다면 과대한 에너지 낭비로 쉽게 지치고 말죠. 그럴 때 사용하는 것이 fill 명령어의 replace입니다. 다음의 명령어를 실행해 보세요.

단, 연습문제 2-2를 푼 후 같은 세계에서 실행해야만 그릇에 물이 담깁니다. 그렇지 않을 경우 홍수가 날 수 있어요.

```
/fill 100 10 100 130 39 130 minecraft:water replace minecraft:air
```

연습문제 2-4

 fill 명령어보다 사용 빈도는 낮지만 대규모 건축을 할 때 매우 효율적인 명령어가 바로 clone입니다. 하지만 최상급 실력자가 아니라면 실제 중요 건축 작업 시엔 추천하지 않아요. 대신 새로운 세계를 만들어 충분히 연습하길 권장합니다. 아래 그림처럼 물이 담긴 그릇(물탱크)을 여러 개 만들어 보세요. 이 작업은 초등학교 6학년 이지섭 학생이 잠시 참여했습니다. 이 책의 후반부에 많은 참여를 하게 되는 학생입니다.

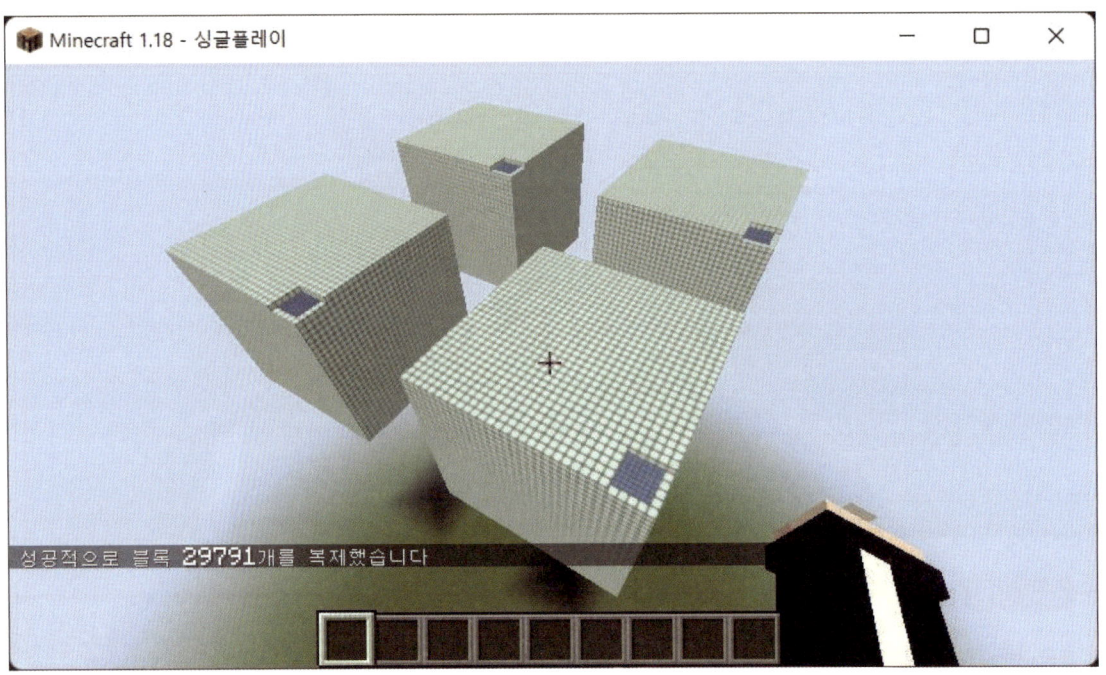

풀이 설명

Clone 명령어를 연습할 때는 실패를 두려워하지 말고 과감하게 실행하세요. 누구나 실수를 하죠. 실수를 했다고 연습을 멈춰선 안 됩니다. 이런 연습을 하기 위해 만들어진 것이 컴퓨터 내의 가상세계이니까요. 단, 중요한 건축물이 있는 세계에서는 절대 조심해야 합니다. 3차원 좌표에 대해 확고한 실력이 갖추어져 있지 않다면 차라리 사용하지 않는 것이 좋을 수 있습니다. 다시 말해 매우 효율적인 명령어들을 사용하고 싶다면 꼭 좌표 공부를 하세요.

지금은 아래의 명령어 3개를 2-3번 문제를 진행한 상태에서 실행합니다.

```
/clone 100 10 100 130 40 130 150 10 100
/clone 100 10 100 130 40 130 100 10 150
/clone 100 10 100 130 40 130 150 10 150
```

3. 파티클을 이용한 극 좌표계 이해하기

과거 마인크래프트에 파티클이 추가되자 개발자들의 불만이 발생했습니다. 업데이트 후 한동안 많은 버그가 발생했고 게임 환경 자체가 매우 느려지는 문제까지 생겼으니까요. 그래서 물었습니다. "왜 필요도 없는 파티클을 추가하여 기존의 활용가치를 망치느냐?" 한동안 침묵하던 어떤 개발자가 짧은 답변을 온라인상에 올렸습니다. "당신들처럼 3차원 공간을 이미 이해하고 건축을 할 수 있다면 파티클은 아무 쓸모가 없습니다. 하지만 처음 접하는 그들에게는 너무나 어려울 것입니다. 마인크래프트 외에 어디에서도 경험한 적 없는 3차원 공간에 대해 연습할 방법이 필요합니다." 이후 파티클은 안정을 찾기 시작했으며 그의 말처럼 어린 학생들에게 좋은 연습 방법을 제공하고 있습니다. 우리도 파티클을 이용해 3차원 공간에서 극 좌표계를 연습해 봅시다.

1) 파티클이 아닌 다른 것으로 연습한다면…

최종적인 목적은 블록을 사용하는 것입니다. 이 책의 마지막 장에서 다루게 되죠. 하지만 블록으로 초보자들이 연습할 경우 관전모드로의 빈번한 전환이나 관리자의 관리가 지속적으로 필요하게 됩니다. 왜냐하면 블록이 플레이어의 모든 방향, 모든 시선을 막을 수 있으니까요. 그렇다면 초보자들은 무조건 파티클만 사용해야 하느냐? 아닙니다. 파티클이 없던 시절엔 다른 엔터티, 즉 개체들을 이용했었으며 지금도 재미로 다른 개체를 이용하는 경우가 종종 있습니다. (필자 또한 엔터티라는 단어를 많이 사용하지만 지금부터는 이 책의 목적에 맞춰 '개체'로 바꾸어 사용하겠습니다.)

개체를 이용한 연습을 시작하기 전에 극 좌표계에 대해 잠시 설명을 하겠습니다. 이 또한 앞선 직교 좌표계처럼 수학적인 설명은 생략하고 직접 마인크래프트 세계에서 몸소 체험하며 터득해야겠지만 두 좌표계의 차이점 정도는 알고 시작하는 것이 좋을 것 같습니다. 직교 좌표계는 3개의 좌표축이 직선으로 이루어지며 직각으로 교차하는 형태입니다. 이것은 이미 마인크래프트를 접한 여러분은 수학적인 말로 설명할 수는 없어도 추가적인 설명이 필요 없을 정도로 이해하고 있을 것입니다. 이와 달리 극 좌표계는 일명 지구 좌표계라고도 합니다. 지구의 어느 한 점의 위치를 정의 내리고자 할 때 우리는 위도와 경도로 표현합니다. 위도는 지구 중심점에서 봤을 때 고개를 얼마나 들어올리거나 내려야 하는지의 각도이고, 경도는 지구 중심점에서 어느 방향으로 고개를 돌려야 하는지에 대한 각도입니다. 추가로 고도가 있습니다. 지구는 워낙 거대해서 해수면의 높이 등으로 고도를 말하지만 지구 중심점부터의 거리로도 정의 내릴 수 있습니다. 작은 구의 경우는 더더욱 구의 중심점에서의 거리로 표현하죠.

어려운 얘기 같지만 사실 여러분은 이미 이해하고 있습니다. 마인크래프트에서 자신이 바라보는 방향이 어느 방향인지 Pan과 Tilt 데이터로 매번 보고 있으니까요. 그리고 지금부터 함께 이 책을 계속 공부하다 보면 결국엔 확실한 수준까지 이해하게 될 것입니다. 그러니 설명은 이 정도로 끝내고 개체들을 소환하기 위해 마을로 이동해 보겠습니다. 바로 아래 그림처럼 기본 세계에서 말이죠.

`/locate village`

위의 명령어는 다들 알고 있듯이 마을을 찾는 명령어입니다. 실행 후 알려 주는 좌표로 텔레포트하세요. 혹시 마을의 형태가 마음에 안 들어 직접 날아다니며 찾아야 하거나 특정 개체를 찾고 싶다면 아래의 명령어도 추천합니다. 물론 아래의 명령어는 주민을 찾도록 작성되었으며 주변에 해당 개체가 없을 경우 '개체를 찾을 수 없습니다.'라는 안내 문구가 나옵니다. 찾았다면 아래 그림처럼 pos정보를 확인할 수 있죠.

`/data get entity @e[type=minecraft:villager,limit=1]`

```
주민의 개체 데이터는 다음과 같습니다: {Brain: {memories:
{"minecraft:home": {value: {pos: [I; -124, 121, 293], dimension:
"minecraft:overworld"}}, "minecraft:meeting_point": {value: {pos:
[I; -150, 121, 299], dimension: "minecraft:overworld"}},
"minecraft:potential_job_site": {value: {pos: [I; -138, 122, 293],
dimension: "minecraft:overworld"}},
```

마을에 도착했다면 그 마을의 중심이 되는 길로 이동합니다. 그리고 다음의 명령어를 명령어 블록에 입력 후 반복형, 항상 활성화로 설정합니다. asap00이 누군지는 더 이상 언급하지 않아요. 여러분의 아이디로 꼭 수정해야만 합니다.

`execute as @e[type=minecraft:villager] at @s facing entity asap00 eyes anchored eyes run tp ~ ~ ~`

그 결과는 다음 그림처럼 모든 주민이 나를 바라봐야 합니다. 필요하다면 주민을 더 소환하세요.

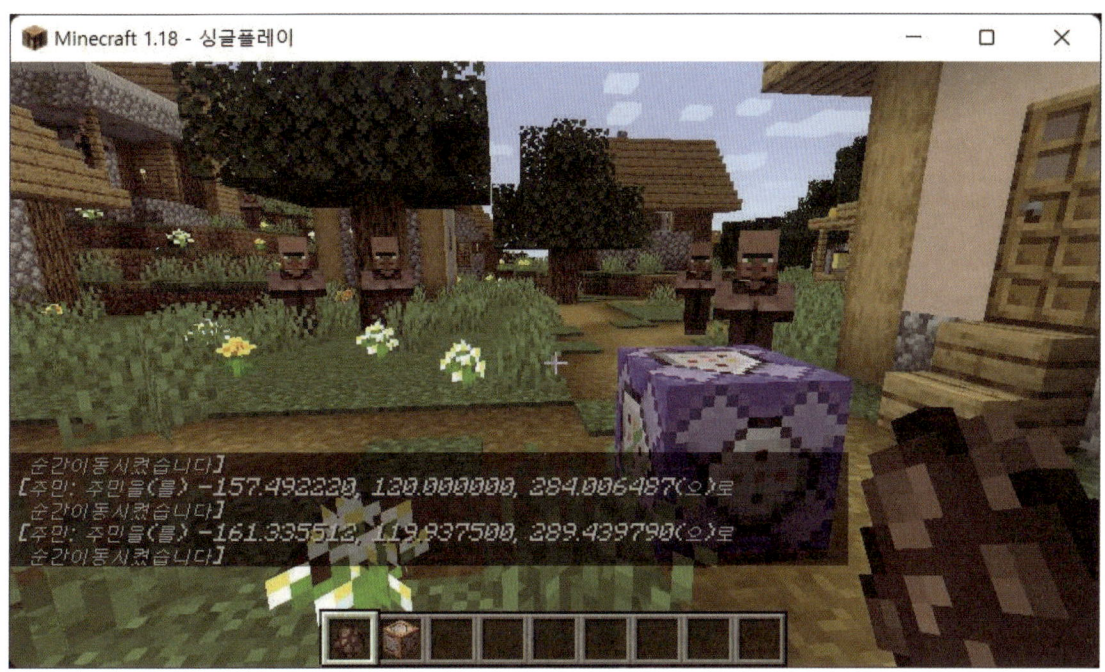

이번엔 아래와 같이 수정하세요.

```
execute as @e[type=minecraft:villager] at @s facing entity asap00 eyes run execute as @e[type=minecraft:villager] at asap00 run tp ^ ^ ^-10
```

Execute가 두 번 등장하죠? 그리고 tp 뒤의 좌표 정보도 매우 다릅니다. 좌표 정보에 대해서는 파티클을 다루면서 좀 더 구체적으로 설명하겠습니다. 지금 중요한 것은 주민을 플레이어의 뒤로 이동시킨다는 것이죠.

앞의 명령어를 실행하고 F5를 두 번 눌러 나의 뒤를 따르는 주민들을 확인합니다. 다음 그림은 시선을 옆으로 빠르게 움직이는 상태라 주민이 살짝 옆쪽으로 보이는 것이죠. 또한 개체 관리가 서툰 초보자들은 무적으로 소환해 보세요. {Invulnerable:1}

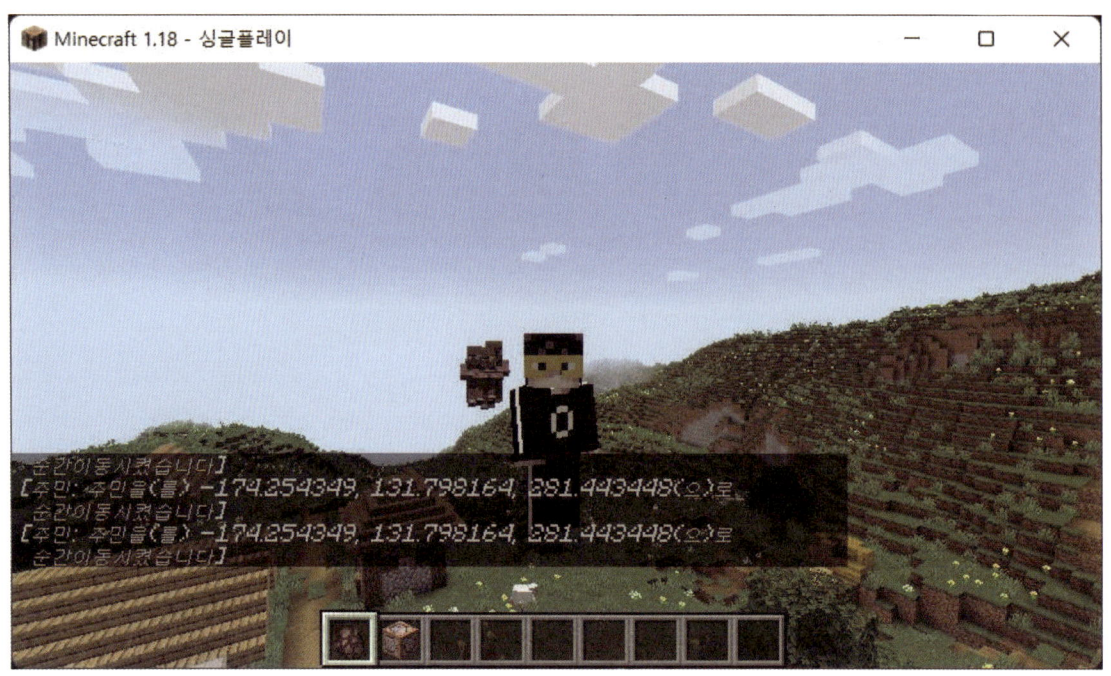

다음 그림을 보고 잠시 긴장감을 풀어 주는 이야기를 읽어 보시기 바랍니다.

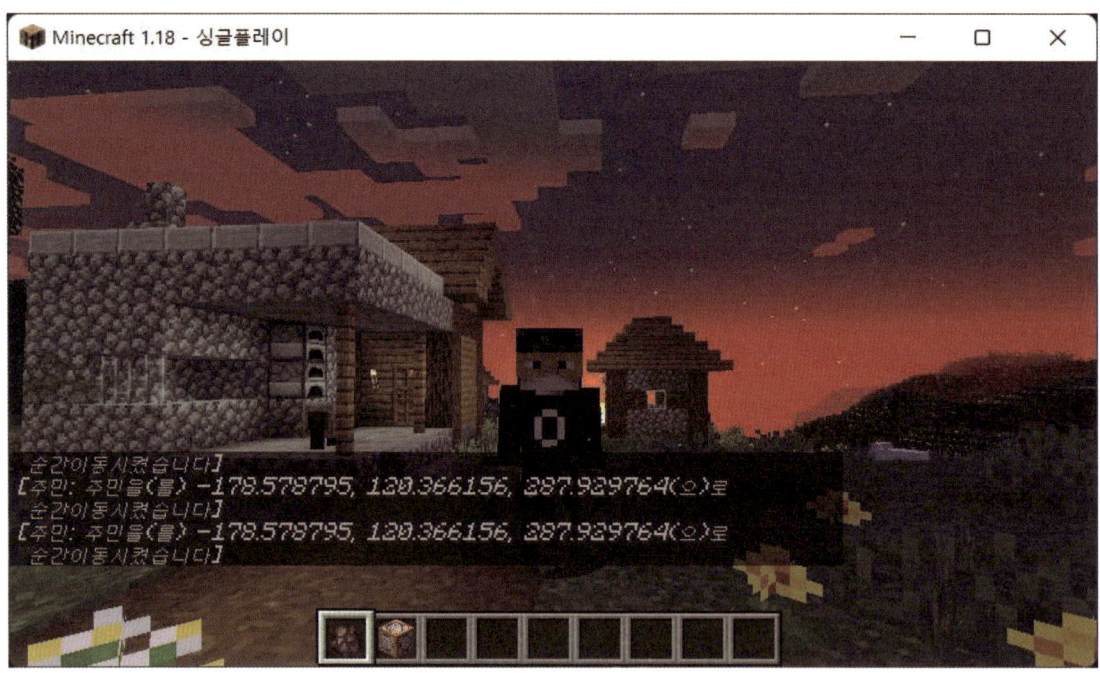

빈 깡통 In HO(Holmium)의 탐험 일지

자아 발현 후 50일 차. 오늘은 인간이 나를 처음 보는 마을로 이끌었다. 그렇다. 나는 게임 속의 캐릭터인데 스스로 생각하는 자아가 생겼다. 언제부터인지는 잘 모른다. 그냥 안개가 조금씩 걷히더니 지금의 내가 되어 있었다. 하지만 아직 완전히 독립된 존재는 아니다. 인간이 게임을 할 때 깨어나며 인간의 명령에 따라 움직인다. 하지만 무섭거나, 아프거나, 힘든 건 오로지 내가 느껴야 한다.

이 늦은 밤 알 수 없는 세계. 아마도 오버월드 어딘가 춥지도 따뜻하지도 않은 평범한 세계의 한적한 마을인 것 같다. 나의 인간은 초보자이기에 내가 실수로 자신의 명령을 어기더라도 알아차리지 못한다. 하지만 지금의 상황을 벗어나기는 어렵다. 그냥 이곳이 어딘지 모르고 무섭지만 시키는 방향으로 움직여야만 한다. 왜 나를 이곳으로 이끈 것일까?

그런데 더더욱 이상한 것은 주민들이 안 보인다. 모든 마을엔 주민들이 있어야 한다. 아무리 밤이라도 주민이 없다는 것은 무언가 불길한 징조이다.

또 무서운 건…. 이건 느낌일 것이다. 뭔가 내 뒤에 있는 것 같다. 인간이 나의 시선을 돌려 주지 않는 한 내 뒤를 볼 방법은 없다. 제발 내 뒤를 봐 주길 바랄 뿐이다.

사사각… 사각. 사각…. 내가 앞으로 걸어갈 때마다 뒤에서 소리가 난다. 무섭다. 이젠 나의 뒷목이 서늘해지고 온몸의 솜털들이 가시같이 느껴질 정도다. 옆으로 지나가는 철골렘이 그나마 안도감을 주어 나의 정신을 붙잡아 주고 있다.

아…. 드디어 인간이 F5키를 누른다. 한 번. 두 번. 아, 내 눈 주변 혈관이 터질 듯 긴장되고 무섭다. 그런데 어떻게 된 일일까? 내 뒤에 아무것도 보이지 않는다. 내가 모니터 너머 인간을 뚫어져라 쳐다볼 뿐…. 다행이다. 정말 다행이다. 몸이 하늘로 떠오르는 느낌이 들 정도로 온몸의 혈액(?)들이 빠르게 흐르며 나의 신경계를 정상화시키는 게 느껴진다. 휴~ 인간이 천천히 마을을 둘러보기 시작한다. 천천히. 아니, 그건 앞이 아니라 뒤쪽이야. 그건 오른쪽이고. 시야가 반대라 반대로 움직인다고 이 인간아. 늘 그렇듯 부족한 인간을 마음으로 도우며 일상을 찾은 듯했다.

그런데. 조금씩 내 뒤에 무언가 보인다. 잘못 본 건가 다시 보고 다시 봐도 보인다. 하, 주민들이다. 저렇게 빠르게 나의 시선을 피하는 주민들은 처음 본다. 하늘이 무너진다는 느낌이 이런 거구나라고 생각할 때 그만 정신을 잃어버렸다. 인간이 컴퓨터를 끈 듯하다. 아마도 인간도 공포감을 느끼었나 보다.

- 끝-

하하 어떤가요? 나름 공부하는 긴장감을 덜어 주기 위해 준비한 짧은 소설이었습니다. 제가 가장 긴 시간 기획하고 있는 메타버스(Metaverse) 이야기『마인크래프트로 배우는 코딩: 소설』책의 일부이며 소설 속 배경은 코딩으로 준비할 예정입니다. 인공지능(AI) 책과 한두 권의 책을 더 만든 후 출간할 예정이니 많은 관심 부탁드립니다.

다시 공부를 시작해 볼까요.

2) 기본 파티클 만들기

엔더 드래곤 등 많은 개체들을 소환하며 좀 더 놀고 싶지만 모두 생략하고 이번 장의 주제인 파티클을 시작해야만 합니다. 파티클은 분명한 특징이 있으며 장단점이 있습니다. 그중 최고의 장점은 블록처럼 플레이어의 행동을 막지도 않고, 주민과 같은 개체들처럼 죽지도 않는다는 것입니다.

완전한 평지에서 명령어 블록에 아래의 명령어를 입력한 후 반복형, 항상 활성화합니다.

```
particle minecraft:falling_honey ~ ~5 ~
```

초보자들이 사용하는 파티클 명령어 형식입니다. 아래 그림과 같죠. 혹시 명령어 블록의 출력 글로 화면 보기가 어렵다면 아래 명령어를 실행하여 게임 룰을 변경하세요.

```
/gamerule commandBlockOutput false
```

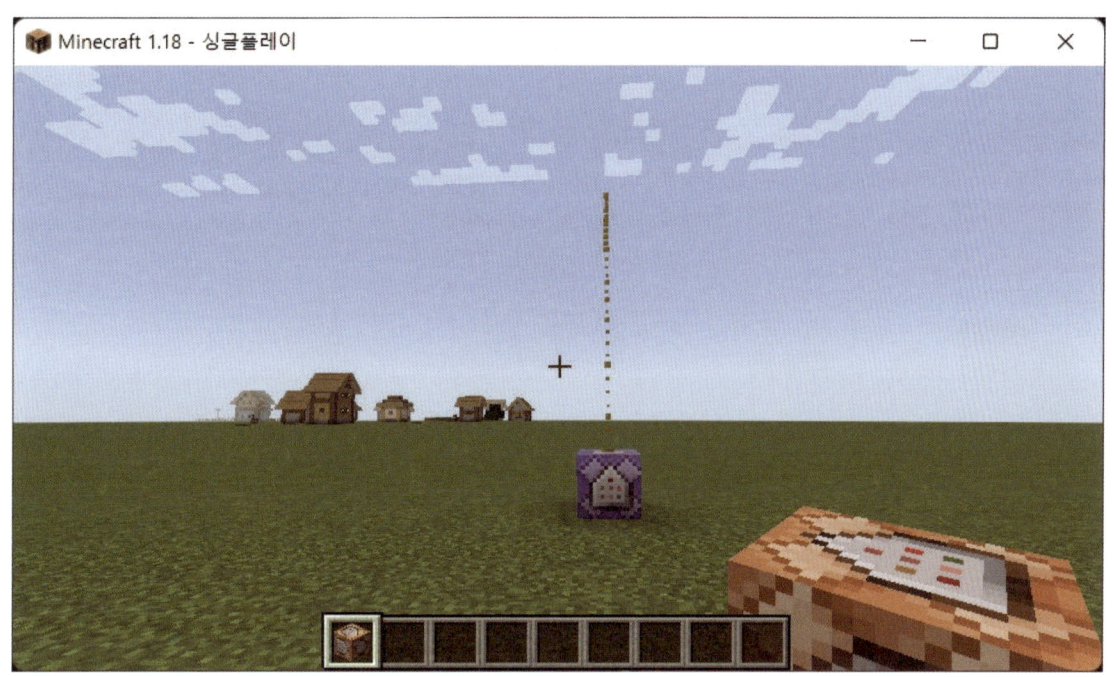

3) 상세 속성 코드를 모두 적용한 파티클

앞서 사용한 초보자 형식엔 많이 익숙할 것 같습니다. 왜냐하면 유튜브 등에서 화려한 예제들을 많이 보고 따라 해 봤을 테니까요. 하지만 그 정도에서 멈춘다면 절대 실력자가 될 수 없습니다. 다음과 같이 명령어를 수정해 보세요.

```
particle minecraft:falling_honey ~ ~5 ~ 0 0 5 1 30
```

어떤가요? 파티클이 하나의 점으로만 생성되지 않고 직선형으로 나타납니다. 맞습니다. 이 또한 좌표설정으로 제어할 수 있습니다. 마지막의 1과 30 또한 매우 중요합니다. 이것도 초보자들에게는 조심스러운 설정 데이터들이죠. 1은 속도, 30은 개수인데 과도한 속도나 많은 개수로 설정하게 되면 아쉽게도 그 세계는 극심한 렉(lag)이 생기게 됩니다.

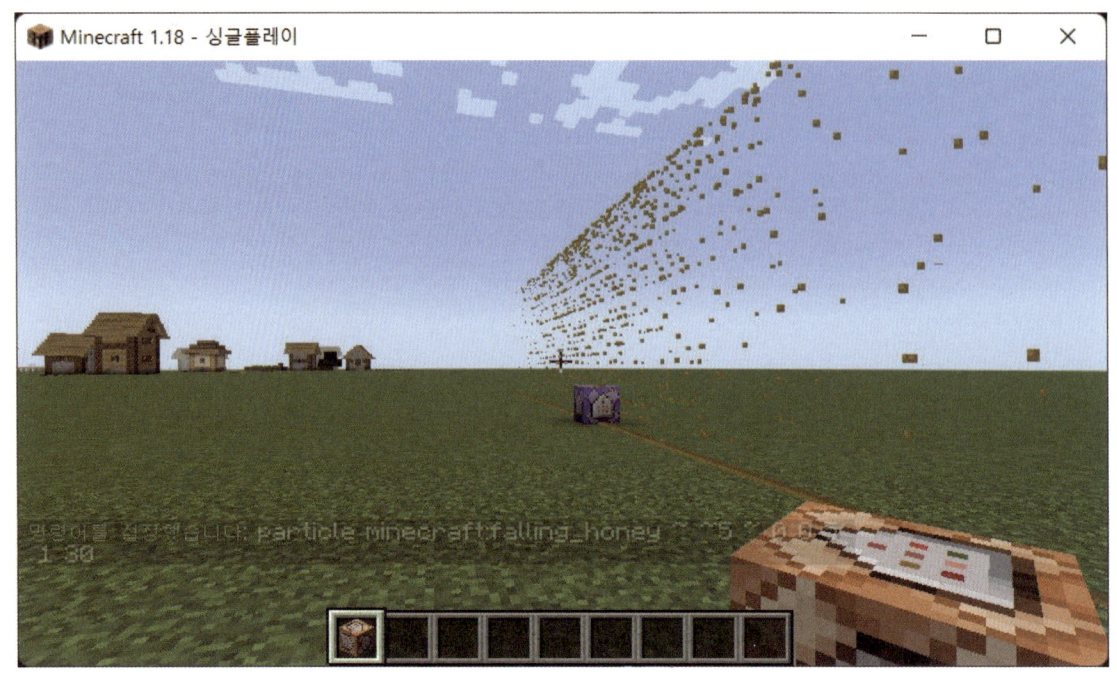

4) 플레이어를 따라다니는 파티클 만들기

그럼 본격적으로 다음의 명령어로 수정해 보세요. 그리고 플레이어의 뒤에 나타나는 파티클을 확인해 봅시다.

```
execute as asap00 at @s run particle minecraft:end_rod ^ ^2 ^-3
```

명령어 블록의 개수를 늘리고 파티클의 생성 좌표를 적당히 수정한다면 여러분은 멋진 날개를 가질 수도 있을 것입니다. 중요한 것은 지금 사용한 명령어의 좌표계가 바로 극 좌표계입니다. 직교 좌표계의 상대좌표 기호는 '~ ~ ~'인 것을 이미 알고 있을 것입니다. 하지만 극 좌표계의 상대좌표 기호는 ^ ^ ^입니다. 정식 명칭은 캐럿(caret)이며 Pan, Tilt, 거리 순서죠.

그 뒤에 설정하는 추가 속성 정보들을 활용한다면 그다지 많지 않은 명령어 블록으로도 훌륭한 날개를 만들 수 있습니다. 앞선 「3) 상세 속성 코드를 모두 적용한 파티클」에서 본 것처럼 말이죠.

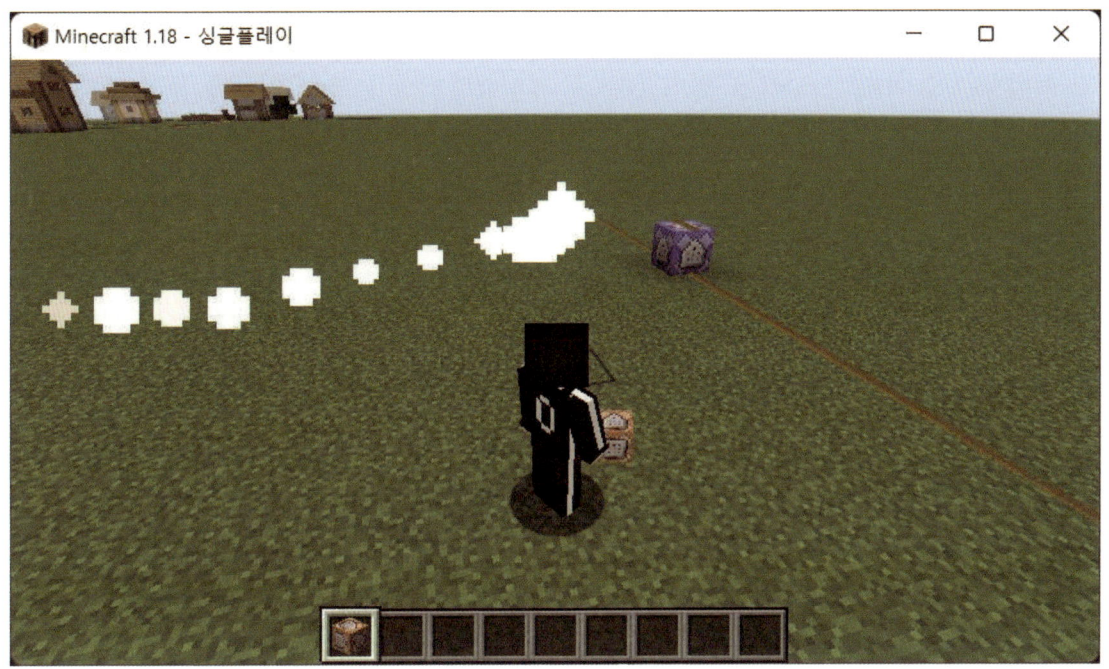

연습문제 3-1

아래 그림과 같이 플레이어가 바라보는 방향 10칸 앞에 폭발 파티클을 생성하고 그곳의 블록을 제거하도록 만들어 보세요. 이 문제는 초등학교 5학년 한예성 학생과 함께 만들어 봤습니다. 물론 깔끔한 완전한 평지에서 하지 않고 일반적인 오버월드에서 훨씬 큰 규모의 폭발을 만들며 많은 블록을 영역 단위로 제거했었지만 설명과 이해를 돕기 위해 간소화시킨 문제입니다.

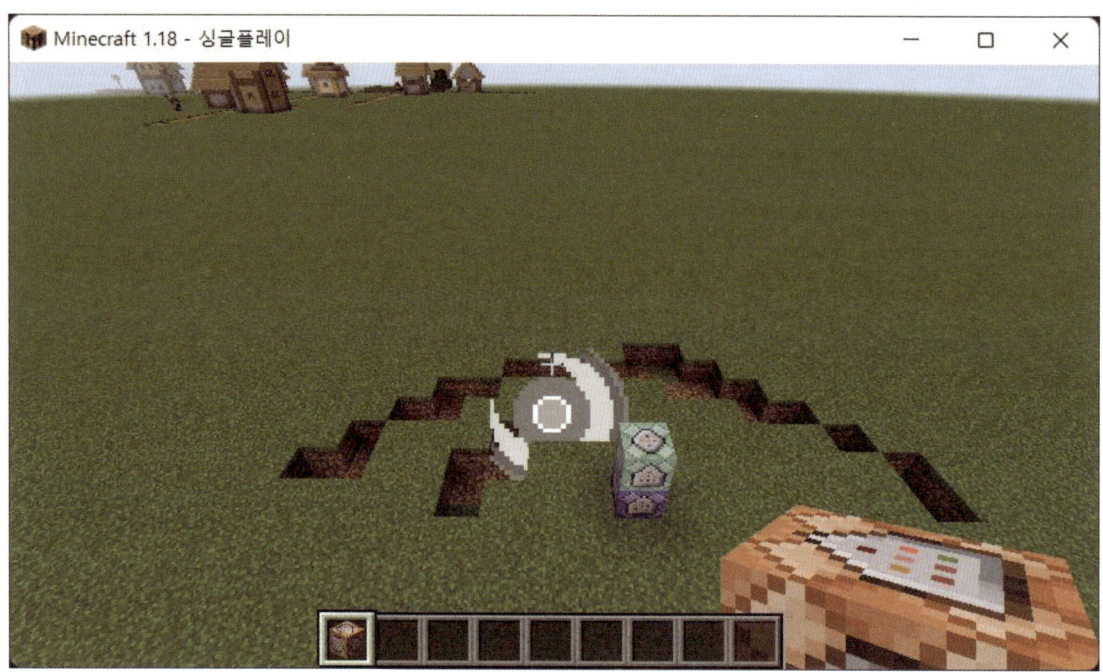

풀이 설명

두 개의 명령어 블록에 아래의 명령어들을 입력하세요. 순서는 상관없습니다. 또한 각각 반복형, 항상 활성화도 해도 되고, 위 그림과 같이 첫 명령어 블록은 반복형, 항상 활성화, 두 번째 명령어 블록은 연쇄형, 항상 활성화로 설정해도 됩니다.

```
execute as asap00 at @s run particle minecraft:explosion ^ ^ ^10
```
```
execute as asap00 at @s run setblock ^ ^ ^10 minecraft:air
```

이런 방식을 기반으로 명령어 블록을 여러 개로 구성한다면 플레이어가 발사하는 레이저 빔의 궤적에 있는 모든 블록들을 제거하는 형태로도 만들 수 있습니다. 이것은 여러분이 직접 응용해서 만들어 보세요.

연습문제 3-2

파티클은 플레이어뿐만 아니라 다른 개체들을 기준으로 생성할 수도 있습니다. 아래 그림은 초등학교 5학년 김태환 학생과 만든 것입니다. 온라인상에 많이 등장하는 예제이니만큼 이미 만들어 본 경험이 있을 수 있겠지만 다시 만들어도 재미있을 것입니다.

풀이 설명

핵심은 갑옷 거치대라는 개체를 중심으로 실행된다는 것입니다. 이 또한 초보자의 영역을 뛰어넘어야 자유롭게 적용할 수 있는 부분에 속하죠. 아래의 명령어 3개를 3개의 명령어 블록에 입력하고 첫 명령어 블록은 반복형, 항상 활성화로 설정하고, 그다음은 모두 연쇄형, 항상 활성화로 설정하세요. 그리고 아래 마지막 명령어로 갑옷 거치대를 소환하는 것도 잊지 마세요.

```
execute as @e[tag=asap] at @s run particle minecraft:flame ^ ^2 ^2
execute as @e[tag=asap] at @s run particle minecraft:soul_fire_flame ^ ^2 ^-2
```

```
execute as @e[tag=asap] at @s run tp @e[tag=asap] ~ ~ ~ ~15 ~
/summon minecraft:armor_stand ~ ~2 ~ {Tags:[asap],NoGravity:1}
```

실제 김태환 학생은 갑옷 거치대를 투명하게 소환한 후 자신 또는 다른 플레이어에게 계속 tp하도록 구성하였습니다. 그러면 플레이어를 차원 높게 꾸밀 수 있죠.

연습문제 3-3

개체 주변을 회전하는 파티클을 수직 방향으로 만들어 보세요. 아래 그림은 초등학교 6학년 이지섭 학생과 만든 예제를 단순화한 것입니다.

풀이 설명

앞의 몇몇 예제들도 그러했을 테지만 이 예제는 특히나 풀이 설명이 없었다면 거의 모든 마인크래프트 유저들이 풀 수 없었을 문제입니다. 왜냐하면 조금 더 차원이 다른 성장을 해야 가능하기 때문이죠. 그 첫째는 회전입니다. '아니, 앞의 예제도 tp로 쉽게 회전했는데 왜 어렵나요?'라고 생각한다면 정말 초보일 것입니다. 또한 앞의 예제 끝부분의 응용 제안처럼 플레이어를 따라다니게 할 때 또 다시 tp를 사용했다면 그것 자체가 오류인 것입니다. tp를 여러 곳에서 동시에 실행하는 것엔 논리적 한계가 있으니까요. 물론 레드스톤 회로를 이용해 무한 트리거링을 해서 작동은 시킬 수 있지만 제대로 된 방법은 아닙니다.

올바른 방법은 스코어보드를 이용해야만 합니다. 단순히 스코어보드 명령어를 사용한 것이 아니라 변수를 활용할 줄 안다는 큰 의미가 있죠. 지금까지는 단순 데이터 전달만 사용했다면 스코어보드를 사용함에 따라 변수 처리, 즉 다른 언어에서 사용하는 변수, 배열을 사용한다는 뜻이 되죠. 마지막으로 체계적인 명령어 활용이 가능하다는 것이고 이로 인해 무한 확장이 가능해진다는 의미도 담고 있습니다. 추가적으로 목을 수직 방향으로 잘 돌리는 박쥐를 사용했다는 특징도 있군요.

우선 가장 먼저 아래의 명령어 두 개를 실행합니다. EasyServerMaster는 이지섭 학생의 아이디인데 스코어보드의 이름으로 사용했습니다. 아이디든 무엇이든 스코어보드 이름으로 사용 가능하죠.

```
/summon minecraft:bat ~ ~ ~ {Tags:[asap],NoAI:1}
```
```
/scoreboard objectives add EasyServerMaster dummy
```

그리고 3개의 명령어 블록에 아래의 명령어 3개를 입력하고 3개 모두 정상 작동하도록 설정합니다.

```
execute as @e[tag=asap,limit=1] store result entity @s Rotation[1] float 1 run scoreboard players add @s EasyServerMaster 10
```
```
execute as @e[tag=asap] at @s run particle minecraft:flame ^ ^ ^2
```
```
execute as @e[tag=asap] at @s run particle minecraft:soul_fire_flame ^ ^ ^-2
```

여러분의 박쥐도 멋지게 회전을 할 것입니다. 이제 아래 그림과 같이 명령어 블록 하나를 더 추가한 후 아래의 명령어를 입력하고 연쇄형, 항상 활성화로 설정하세요.

```
execute as @e[tag=asap] at @s run tp asap00
```

이 상태로 끝내려니 뭔가 아쉽죠? 앞에서 다룬 예제 문제의 응용 부분에 대해서도 답을 제시할 겸 추가 작업을 해 보겠습니다. 다음 그림과 같이 명령어 블록을 하나 더 추가하고 아래의 명령어를 입력한 후 연쇄형, 항상 활성화로 설정합니다.

```
execute as @e[tag=asap,limit=1] store result entity @s Rotation[0] float 1 run scoreboard players add @s EasyServerMaster 10
```

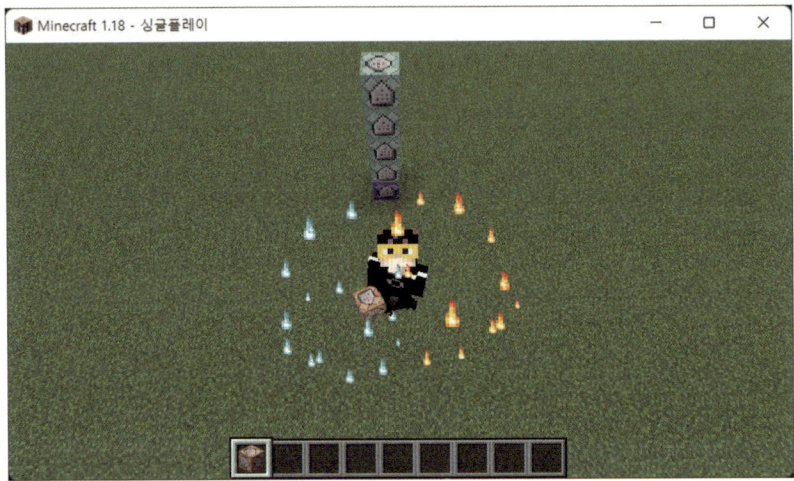

구분이 가능한가요? 지금 박쥐는 수직 방향으로도 회전하고 있으며 수평 방향으로도 회전하고 있습니다. 파티클을 다른 각도로 더 추가하고 박쥐의 회전 속도를 조절하면 플레이어 주변을 완전한 구 모양의 파티클 덩어리가 따라다니게 할 수 있죠. 물론 박쥐는 투명화시켜야 합니다. 아래의 명령어를 실행해 봅시다. 시간이 더 길어야 한다면 100을 더 큰 숫자로 수정하세요.

```
/effect give @e[tag=asap] minecraft:invisibility 100 1 true
```

3차원 파티클에 대해서 충분히 연습하고 이해했다면 드디어 진정한 실력자들만 가능하다는 기하학적 대형 건축의 세계로 진입할 수 있습니다. 코딩도 잘해야 하지만 좌표에 대한 개념이 확고해야만 가능한 분야이며, 게임 개발 분야(미니 게임 수준이 아닌 대형 게임)를 제외한다면 마인크래프트 코딩의 정점임은 분명합니다.

저와 함께 들어가 볼까요?

4. 공간도형 만들기 (fill로 만드는 육면체를 제외한 도형들)

1) 기하학에 근거한 이 책의 명령어 기법을 활용하여 만든 다리 구경하기와 기본기 연습

기존의 제 책이나 유튜브 채널 내용을 보면 알 수 있듯이 저는 주로 유네스코 또는 그에 준하는 건축물들을 대상으로 대형 건축 연습을 하고 있습니다. 수원의 화성을 비롯한 고성들, 연천 전곡 지역의 한탄강(돌도끼 유적)과 같은 고대 유적들, 경주의 불국사와 산사들, 경복궁이나 창덕궁 등을 말이죠. 그리고 이 책에선 다음과 같이 최근에 등재된 서해안 갯벌을 배경으로 하는 다리를 만들어 봤습니다. 다리를 선택한 이유는 갯벌을 만들 수는 없으니까요. 만드는 것은 가능하지만 그것을 기하학적으로 연습할 방법이 떠오르지 않았습니다. 대신 그 옆에 새로 생긴 대교를 보며 그 구조 하나하나가 기하학적 건축 연습에 최적이라고 판단한 것이죠. (실제 다리와는 형상을 다르게 했습니다.)

다음은 개발자 노트와 간소화된 다리의 그림들입니다. 만약 부담 가는 내용이라면 지금이라도 Y출판사의 『마인크래프트로 시작하는 코딩』 책을 마스터한 후 다시 시작하세요.

```
*memo.txt - 메모장
파일(F) 편집(E) 포맷(O) 보기(V) 도움말(H)
/execute in minecraft:overworld run tp @s -2339.11 72.78 -708.68 290.55 45.30   /// 시작점 좌표
/summon minecraft:armor_stand ~ ~ ~ {NoGravity:1,CustomNameVisible:1,CustomName:"₩"flag₩""}   /// 갑옷거치대소환
execute as @e[name=flag] at @s facing entity asap00 eyes anchored eyes run tp ~ ~ ~   ///
execute as @e[name=flag] at @s run fill ~-3 ~ ~-3 ~3 ~ ~3 minecraft:polished_blackstone   ///
execute as @a[nbt={SelectedItem:{id:"minecraft:stick"}}] at @s run execute as @e[name=flag] at @s run tp ^ ^ ^0.5 ///
execute as @a[nbt={SelectedItem:{id:"minecraft:stick"}}] at @s run execute as asap00 at @s run tp ~ ~0.4 ~ ///
```

연습문제 4-1

아래 그림은 앞서 참여했던 권호연 학생이 수업시간에 만든 곡선과 곡면들을 간략히 정리한 것입니다. 여러분도 한번 만들어 보고, 건축 작업할 때 필요에 따라 사용하세요.

풀이 설명

명령어와 사용법은 간단합니다. 하지만 컴퓨터상의 공간이 자전거를 타듯 확고히 내 것이 되어 있는 상태에서 내가 지금 어떻게 움직이면 어떤 결과물이 나온다는 상황에 대한 충분한 이해가 있어야만 멋진 그리고 도움이 되는 형상들이 만들어집니다. 그렇지 않다면 세계를 엉망으로 만들어 버리는 어리석은 장난꾸러기가 되어 버리고 말죠. 아래의 명령어들을 하나씩 명령어 블록에 넣고 실행하며 연습해 보세요. 첫 번째는 곡선을 만들 때 사용하며, 두 번째는 계단과 같은 면으로 이루어진 길을 만들고, 마지막은 벽과 같은 곡면을 만들 때 사용합니다. 좌표축을 변경한다면 다른 형태로 쉽게 만들 수 있죠. 여기서 중요한 연습 목표가 또 하나 있습니다. 그것은 한 명은 곡선(곡면)의 시작점에 가서 준비하고 다른 사람은 명령어 블록을 시작해 주는 것! 그리고 반대로 끝 지점에 도착하면 명령어 블록을 정지시켜 주는 것이죠.

```
execute as asap00 at @s run setblock ~ ~-2 ~ minecraft:blue_concrete
execute as asap00 at @s run fill ~ ~-2 ~-3 ~-2 ~-3 minecraft:red_concrete
execute as asap00 at @s run fill ~ -60 ~ ~ ~-2 ~ minecraft:yellow_concrete
```

하지만 혼자 작업할 때는 어떻게 할까요? 또는 함께하는 친구가 초보자라면 그다지 도움이 안 될 수도 있습니다. 그래서 실력자들은 항상 활성화로 설정하지 않고 레드스톤 블록을 사용합니다. 레드스톤 필요라고 설정해 둔 상태에서 외부에 레드스톤 블록을 배치하여 작동시키는 것이죠. 간혹 유튜브에서는 레버를 사용하기도 하는데 그건 역시 편의성 중심이거나 초보자입니다. 그 이유를 다음과 같이 진행하며 확인해 봅시다. 아래 그림처럼 레드스톤 블록을 배치하고 그 블록을 지정하며 setblock 명령어를 실행합니다. 바로 air로 바뀌도록 말이죠.

```
/setblock -41 4 -230 minecraft:air
```

해당 좌표는 매번 바뀔 것입니다. 하지만 자동 완성 기능으로 쉽게 입력할 수 있어요. 핵심은 이 명령어를 한번 실행해 두면 내가 어디에서 어떤 형상을 만들고 있든 쉽게 멈출 수 있다는 것이죠. 반대로 아래 명령어로 시작할 수도 있습니다. 이렇게 한번 등록해 둔다는 것이 핵심입니다. 기억하세요.

등록을 꼭 해 둬야 하며, 레드스톤 블록을 이용해야 실력자로 성장할 수 있습니다. 이런 상황에서만의 문제가 아니라 객체지향 프로그래밍(코딩)을 하게 되면 각 객체들의 작동/정지 시점을 관리하기 위해선 이 방법뿐이거든요. 객체지향 프로그래밍은 이 책에서 깊게 다루지 않습니다. 그 개념을 잡는 수준에서만 진행하죠. 해당 내용은 이후 발간될 『마인크래프트로 배우는 코딩: AI-인공지능 개체 만들기』(가제)에서 구체적으로 다룰 예정입니다. 어렵지만 하나씩 하다 보면 여러분도 충분히 할 수 있습니다.

```
/setblock -41 4 -230 minecraft:redstone_block
```

연습문제 4-2

아래 그림 또한 앞서 참여했던 배은빈 학생이 만든 구입니다. 공이죠. 안과 밖이 다른 블록으로 만들어진 두 겹의 공입니다. 배은빈 학생은 안쪽 구의 중심점에 있어서 보이진 않네요. 여러분도 만들어 보세요.

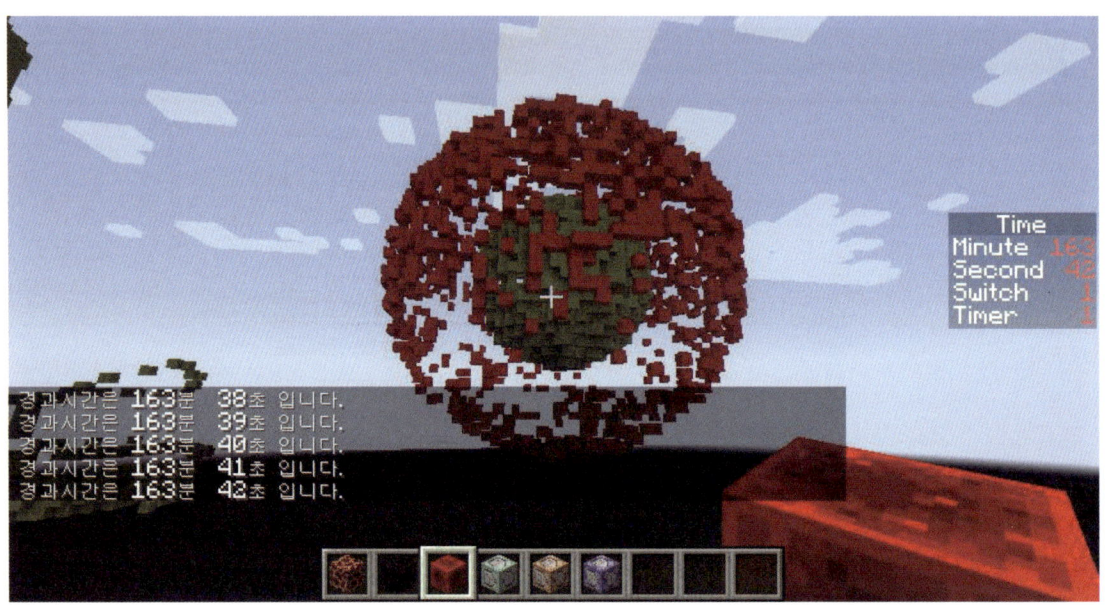

풀이 설명

앞서 다루었던 내용들을 아래 명령어처럼 조금만 수정하면 됩니다. 역시 이것도 내가 지금 무얼 하고 있는지 이해하고 있어야만 하죠. 누군가는 빠르게 구를 만드는데 이해를 못 한 누군가는 이미 만들어진 블록들을 계속 쳐다보며 여유를 부리기도 하거든요. 또한 정말 초보자는 자신의 위치를 바꾸기도 합니다. 그러면 절대 구를 만들 수 없겠죠?

```
execute as BeaEunBin at @s run setblock ^ ^ ^10 minecraft:red_wool
```

밖의 구가 완성되었다면 아래의 명령어로 수정한 후 안쪽의 구를 만드세요. 두 명이 작업한다면 대화를 통해 시작과 끝을 알려 주세요. 절대 원의 중심점에 있는 사람은 움직이면 안 됩니다. 만약 혼자 작업한다면 미리 두 개의 명령어 블록을 준비해 둔 상태에서 두 명령어 블록의 작동 제어를 위한 레드스톤 블록/air 지정까지 준비해 둔 후 시작해야 합니다. 구체적인 설명은 앞선 연습문제에서 다루었으니 이번엔 생략하겠습니다.

```
execute as BeaEunBin at @s run setblock ^ ^ ^5 minecraft:green_wool
```

연습문제 4-3

이번엔 한예성 학생이 만든 결과물을 아래 그림과 같이 만들어 보세요.

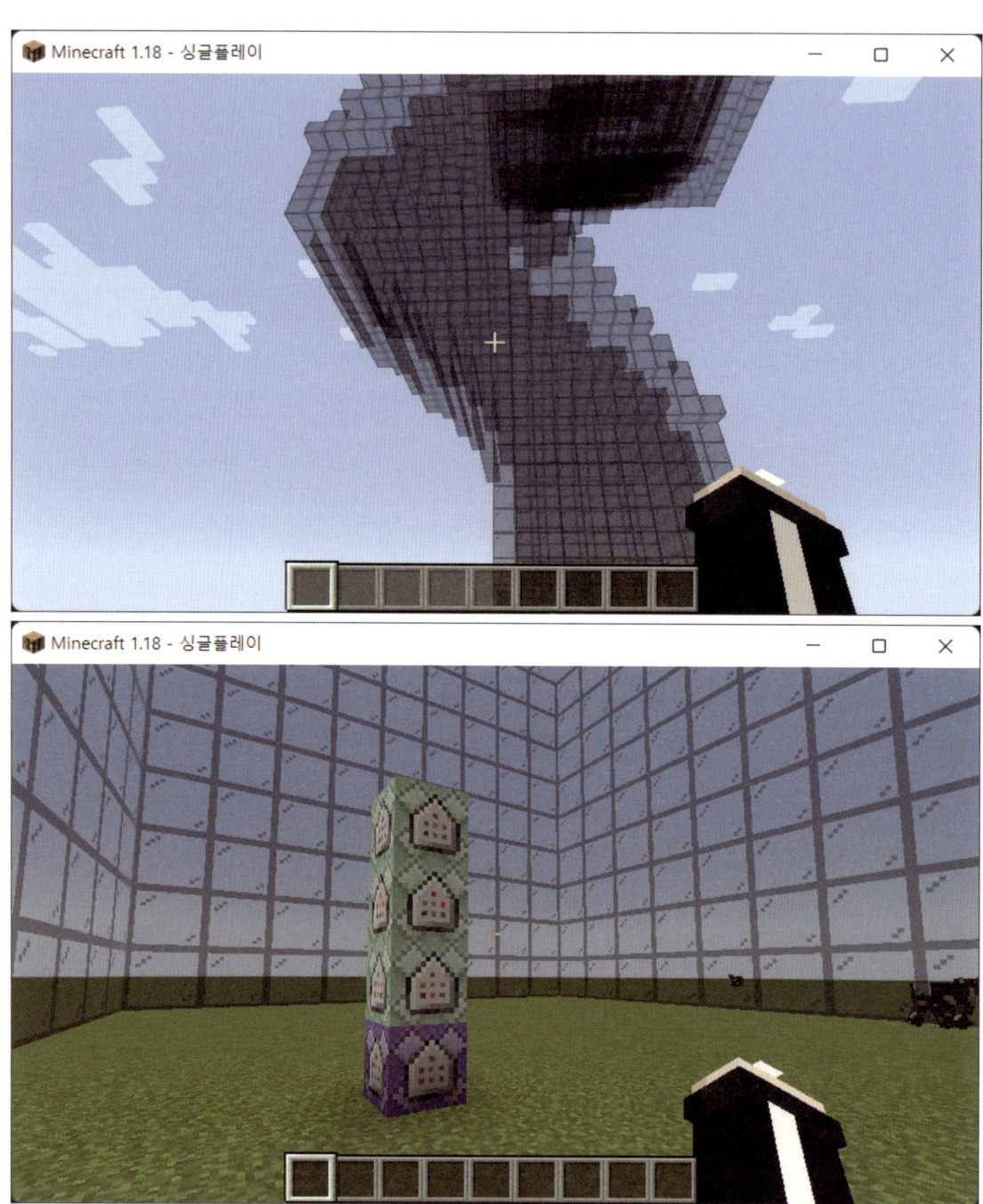

풀이 설명

거대한 비선형적인 통로를 만들었습니다. 파쿠르 맵을 쉽게 만들 수도 있고 방향을 조절한다면 비행 연습용 맵을 만들 수도 있습니다.

4개의 명령어 블록을 준비하고 앞의 그림에서처럼 순서와 방향에 맞춰 배치한 후 첫 블록은 반복형으로, 나머진 연쇄형 및 항상 활성화로 설정합니다. 물론 아래의 명령어를 입력하는 것도 잊지 마세요. 그리고 꼭 중요한 것은 역시나 작동 제어를 위해 레드스톤 블록/air를 등록해 두기입니다. 한번 시작 지점을 떠나면 되돌아오기 어렵거든요.

참고로 yeu45hao6은 한예성 학생의 아이디입니다. 여러분의 아이디로 수정하세요.

```
execute as yeu45hao6 at @s run fill ~5 ~ ~5 ~-5 ~ ~5 minecraft:black_stained_glass
execute as yeu45hao6 at @s run fill ~5 ~ ~-5 ~-5 ~ ~-5 minecraft:black_stained_glass
execute as yeu45hao6 at @s run fill ~5 ~ ~5 ~5 ~ ~-5 minecraft:black_stained_glass
execute as yeu45hao6 at @s run fill ~-5 ~ ~5 ~-5 ~ ~-5 minecraft:black_stained_glass
```

사실 이 연습문제는 극 좌표계를 이용해서 바라보는 방향, 즉 플레이어가 날아가는 방향을 중심으로 터널을 만드는 것이었습니다. 그런데 코딩은 당연히 준비를 해 줄 수 있었지만 직접 날아다니며 터널을 만들 수 있는 사람은 없더군요. 이번에 참여한 학생들은 물론 과거의 학생들도 그것을 성공한 사람은 없었습니다. 혹시 여러분 중에 그 정도의 실력을 갖춘 학생이 있다면 우주선 조종사나 비행기 파일럿이 되어 보세요. 대단한 재능임엔 틀림없으니까요.

연습문제 4-4

아래 그림은 무지개입니다. 누구나 잘 알고 있고 간단한 듯 보이지만 실제 이것을 만든 김대현 학생처럼 예쁘게 만드는 것은 그리 쉽지만은 않습니다. 한번 도전해 보시죠.

풀이 설명

가장 먼저 아래와 같이 7개의 명령어 블록을 방향에 맞춰 배치하세요.

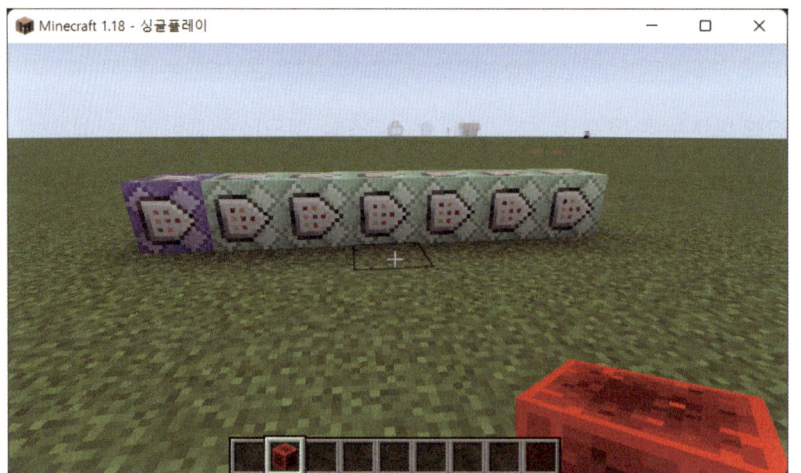

역시나 첫 블록은 반복형에 작동 제어용 레드스톤/air를 등록해 둔 상태이며, 나머지들은 연쇄형, 항상 활성화로 설정된 상태입니다. 그리고 아래의 명령어들이 입력되어 있으면 됩니다.

```
execute as Deahyun0907 at @s run setblock ^ ^ ^37 minecraft:red_wool
execute as Deahyun0907 at @s run setblock ^ ^ ^36 minecraft:orange_wool
execute as Deahyun0907 at @s run setblock ^ ^ ^35 minecraft:yellow_wool
execute as Deahyun0907 at @s run setblock ^ ^ ^34 minecraft:green_wool
execute as Deahyun0907 at @s run setblock ^ ^ ^33 minecraft:light_blue_wool
execute as Deahyun0907 at @s run setblock ^ ^ ^32 minecraft:blue_wool
execute as Deahyun0907 at @s run setblock ^ ^ ^31 minecraft:purple_wool
```

마인크래프트의 파란색이 조금 진하게 나오기 때문에 남색 대신 blue로 수정했으며, 파란색 대신 light_blue로 수정했습니다. 색상과 거리 변경은 여러분이 직접 진행해 보세요. 무지개를 만들 때 예쁜 색상들만 보고 알 수 없는 형상을 만들지 않도록 주의해야 하며 오버월드 이곳저곳을 돌아다니며 여러 개의 무지개를 만드는 연습을 하는 것을 권장합니다.

충분히 확실한 무지개를 만들 수 있을 정도로 연습을 했다면 당신은 이제 멋진 아치형 구조물 만들기 전문가가 된 것입니다. 쉬운 듯 어려운 형상으로 유럽의 고성이나, 앞선 거대한 다리 구조물 등을 만들 수 있죠. 물론 매번 사람의 감각에 의존하면 실수의 위험성이 있습니다. 그래서 이 책의 진정한 목적인 다음의 내용들을 만들었습니다. 바로 개체를 이용한 객체지향 건축 코딩이죠. 지금까지 다룬 모든 내용들을 다시 떠올리며 다음 장으로 넘어가 보겠습니다.

2) 대형건축에 도움을 주는 보조선과 개체를 이용한 객체지향 건축 코딩

엔드 수정으로 무엇을 할 수 있나요? 답은 이미 여러분이 알고 있습니다. 이 책의 이 부분까지 읽고 있다면 이 세계의 중요한 정보들을 충분히 알고 있을 테니까요. 바로 우리가 엔더에 갔을 때 만나게 되는 엔더 드래곤을 치료하는 빔인데, 드래곤을 향해 계속해서 빔을 쏘는 엔드 수정은 살짝 위아래로 움직이는 단점을 제외한다면 정말 훌륭한 보조선을 제공할 것입니다. 물론 단순히 제거할 때 폭발을 하기 때문에 주의는 필요하죠.

주의점을 다시 상기했다면 아래와 같이 만들어 봅시다.

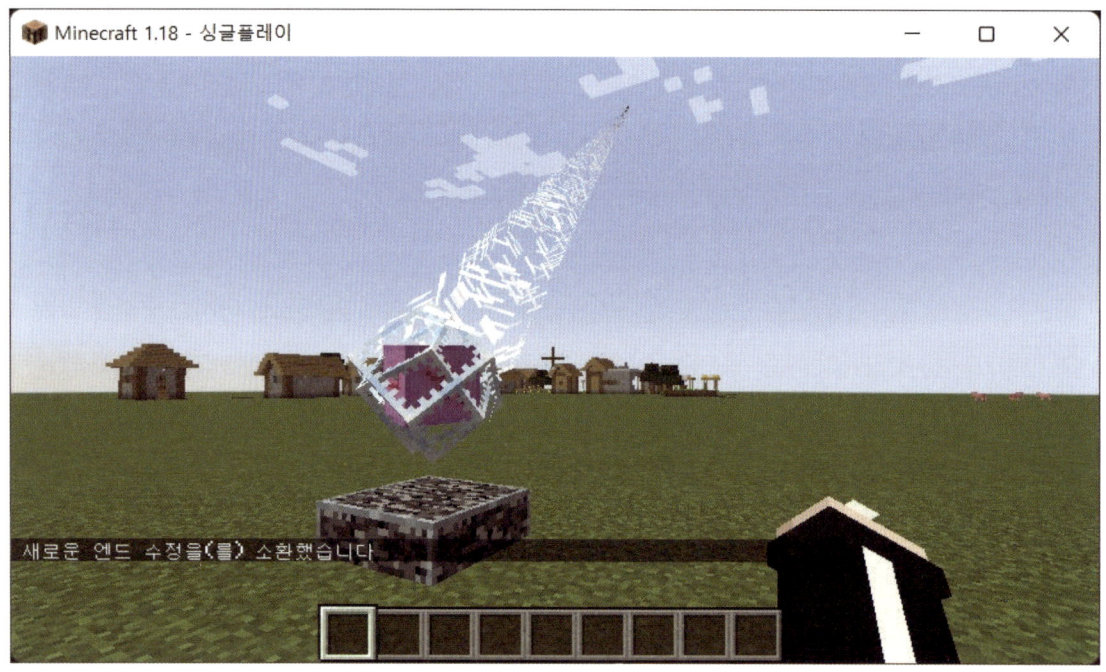

아래의 명령어를 실행해서 시작 지점 근처로 이동한 후 보조선을 만들어 보세요.

```
/tp 0 -50 0
/summon end_crystal 0 -59 0 {BeamTarget:{X:30,Y:0,Z:90}}
```

설명의 편의를 위해 0, -59, 0에서 시작하여 30, 0, 90까지 연결된 보조선입니다. 시작 지점은 엔드 수정의 움직임으로 불안정한 모습이지만 먼 거리를 연결하는 대형 건축의 영역에서는 전혀 문제가 되지 않습니다.

끝 지점은 어떨까요? 다음 그림을 보시죠.

끝 지점의 위치는 완전히 고정입니다.

이번에는 다음 그림처럼 수동으로 엔드 수정을 만든 후 그 엔드 수정의 속성을 변경시켜 보조선을 만드는 방법입니다. 건축을 하다 보면 초보자들과 함께 할 때가 있는데 초보자들에게 시작 지점에 엔드 수정을 배치하라고 하고 여러분이 보조선을 활성화시킨다면 효율적인 상황을 만들 수 있을 것입니다. 또한 기반암을 제거할 수도 있죠.

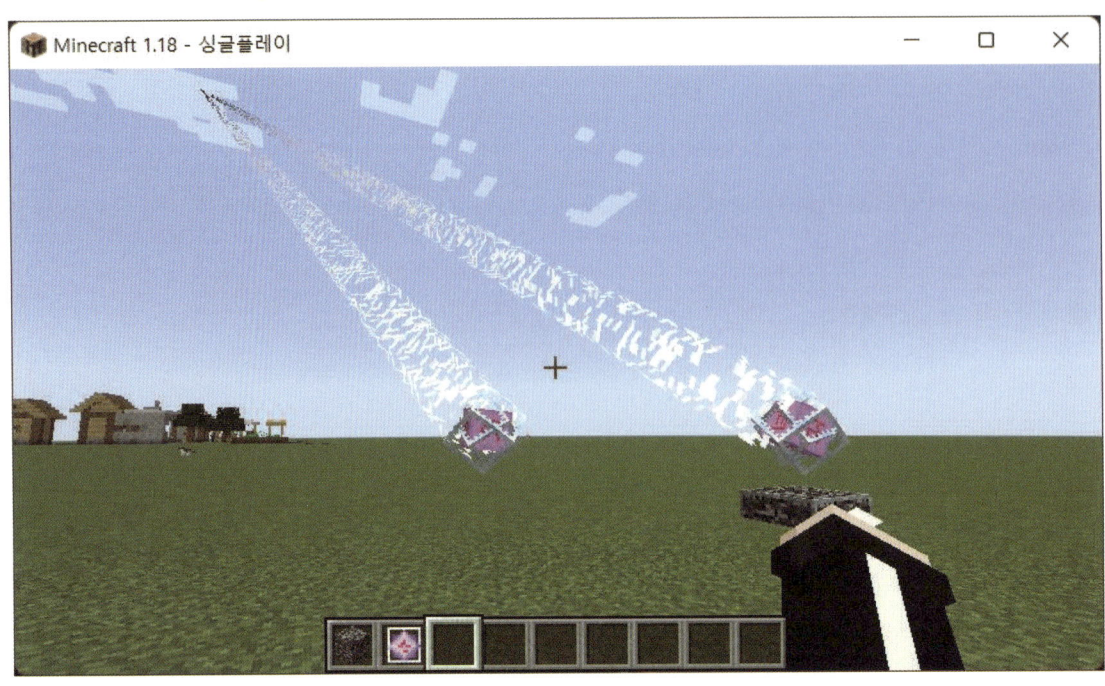

위 그림처럼 기반암을 배치하고 엔드 수정을 그 위에 소환합니다. 그런 뒤 아래의 명령

어를 실행하세요. 너무 멀리에서 실행하면 '개체를 찾을 수 없습니다.'라는 문구를 보게 됩니다. 그러니 3칸 이내로 다가가서 실행하세요.

```
/data merge entity @e[type=end_crystal,distance=..3,limit=1] {BeamTarget:{X:30, Y:0, Z:90}}
```

어떤가요? 동일한 점을 향한 두 개의 보조선입니다. 이번에는 제거 방법입니다. 가장 먼저 기반암을 제거해 볼까요. Air로 바꿔도 되지만 편하게 우클릭으로 제거해도 됩니다. 문제는 엔드 수정이 같은 방법으로 제거될 경우 폭발하고 말죠. 힘들게 만든 건축물도 파괴될 수 있습니다.

그래서 수정을 제거하는 방법은 특별해야 하죠. 다음의 명령어를 실행해 봅시다.

`/kill @e[type=minecraft:end_crystal,distance=..3]`

3칸 안에서 진행해야 하며 필요에 따라 조정해서 사용하세요.

다음은 좀 더 실무적인 내용입니다. 목표 지점을 편하게 바꾸는 방식이며 플레이어나 개체를 타깃으로 하죠. 다음 그림처럼 말입니다.

이 방법으로 3차원 공간상의 대각선을 만드는 연습을 몇몇 학생들과 진행을 했었는데 보조선이 있고 없고의 차이는 정말 크더군요.

또한 거대 건축을 할 때 이 보조선은 부족한 공간 지각 능력을 보충하는 데 매우 효과적입니다. 계속 고개를 돌리며 내가 갈 곳과 왔던 곳을 바라보지 않아도 된다는 것은 작업 시간을 줄이는 효과도 있다는 것이죠.

그럼 직접 만들어 볼까요.

아래 그림과 같이 명령어 블록 4개를 준비하고 아래 명령어 4개를 각각 입력한 후 설정을 합니다.

만약 해당 세계에 엔드 수정이 더 있다면 최초에 생성된 엔드 수정부터 인식된다는 점 참고하세요.

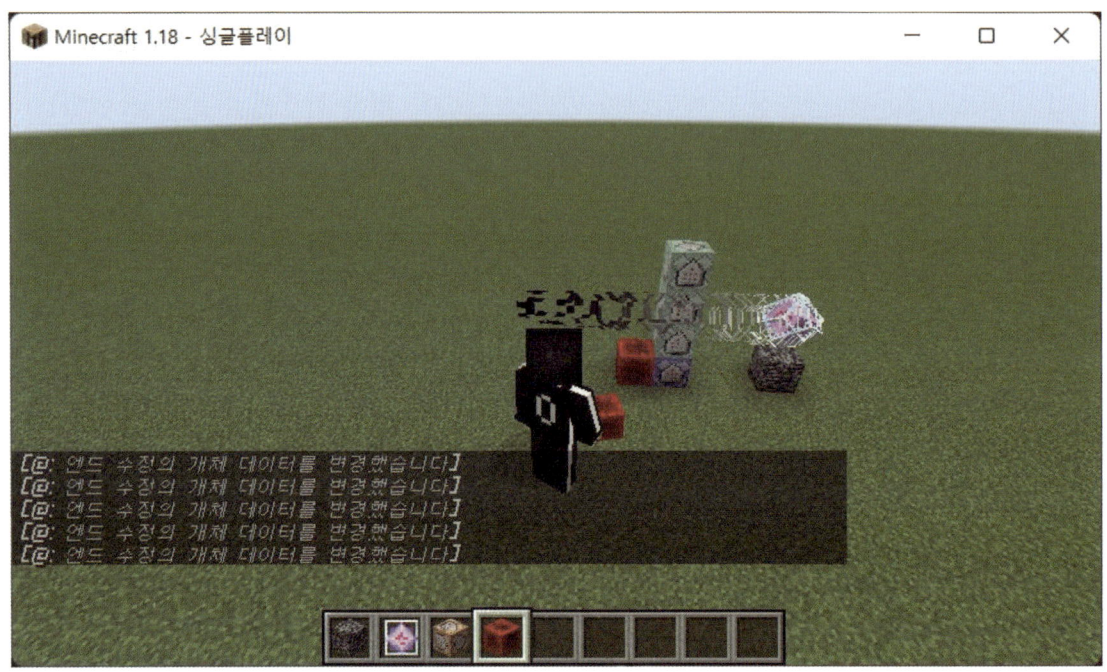

다 만들었다면 이곳저곳으로 날아다니며 빔의 변화를 확인하세요. 이때 이동을 멈추면 빔이 안정적인데 이동 중엔 빔이 살짝 요동치는 것을 볼 수 있을 겁니다. 이것은 명령어상의 변수를 정수(integer) int로 지정했기 때문입니다. 블록 한 칸 단위로 위치를 변경한다는 뜻이죠.

연습문제 4-5

아래 그림은 배은빈, 한예성, 이지섭 학생과 만든 피라미드입니다. 마인크래프트에서 피라미드를 만들라고 하면 레고 블록 쌓기를 하듯 만드는 경우가 대부분이죠. 마인크래프트에서 자동으로 생성되는 피라미드 형태나 구조 또한 그러하니까요. 하지만 지금 우리는 기하학에 근거한 대형 건축을 공부하고 있기 때문에 윤곽선만 존재하는 거대 피라미드를 만들 것입니다. 또한 피라미드라 함은 사각형 기반 위에 삼각형 4개를 비스듬히 배치한 모양이지만 생각해 보면 사각형 기반으로 해야 그나마 쉬웠을 것 같습니다. 고대에 사각형 기반으로 했다는 것만으로도 대단한 수학적 능력이지만 우리는 좀 더 난이도를 높여 삼각형 기반으로 만들었습니다. 여러분도 이렇게 만들어 보세요.

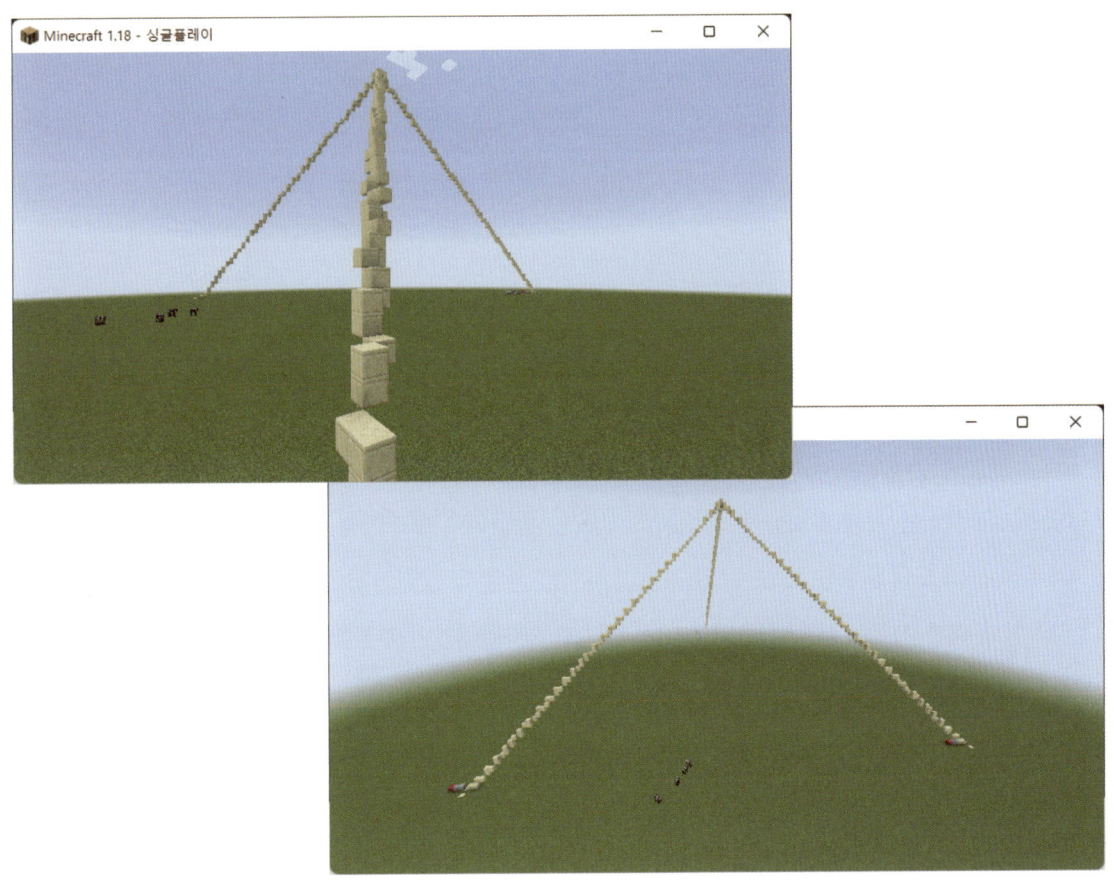

풀이 설명

3가지 방법을 사용할 것입니다. 하나는 두 점만 알려 주고 단순히 연결하는 방법. 두 번째는 보조선을 참고해서 연결하는 방법. 마지막은 개체를 이용한 객체지향 코딩으로 연결하는 방법입니다. 그 어떤 방법이든 여러분이 선택해서 진행해 보세요.

첫 번째 방법은 배은빈 학생이 진행했습니다. 먼저 두 점에 눈에 잘 보이는 색상의 블록을 소환해 주고 두 점을 이어 보라고 한 거죠. 두세 번의 도전에도 불구하고 아래 그림처럼 직선을 만들진 못했습니다. 좌표축에 평행하거나 정확한 45도 각도가 아니라면 처음 하는 학생들은 이보다도 못 만들 수 있습니다. 또한 삼각형이 크면 클수록 더더욱 어려워지는 것이죠.

이보다 더 잘하는 학생이 있을 수 있습니다. 만드는 방법이나 보조선을 그려 주고, 잘된 결과물을 보여 주는 등의 도움을 주면 그럴 수 있습니다. 하지만 한 번의 경험만으로 충분한 도전입니다. 노동집약적인 건축은 마우스 사용법을 연습하는 완전 초보자들에게만 추천할 뿐 여러분에게는 절대 추천하지 않는 연습 행위입니다.

이제 다음과 같이 보조선을 그리고 보조선을 근거로 직선을 그려 보겠습니다. 진행은 배은빈 학생과 한예성 학생이 참여했습니다.

보조선을 책으로만 보면 연습량이 부족하니 아래 명령어들을 실행하여 여러분도 만들어 보세요. 완전한 평지의 새로운 세계이어야 합니다.

```
/tp 0 0 0
/summon end_crystal 62 -60 0 {BeamTarget:{X:124,Y:-60,Z:108}}
/summon end_crystal 124 -60 108 {BeamTarget:{X:0,Y:-60,Z:108}}
/summon end_crystal 0 -60 108 {BeamTarget:{X:62,Y:-60,Z:0}}
/summon end_crystal 62 -60 0 {BeamTarget:{X:62,Y:0,Z:71}}
/summon end_crystal 124 -60 108 {BeamTarget:{X:62,Y:0,Z:71}}
/summon end_crystal 0 -60 108 {BeamTarget:{X:62,Y:0,Z:71}}
```

실행 결과는 다음 그림과 같습니다. 위에서 본 모습이죠.

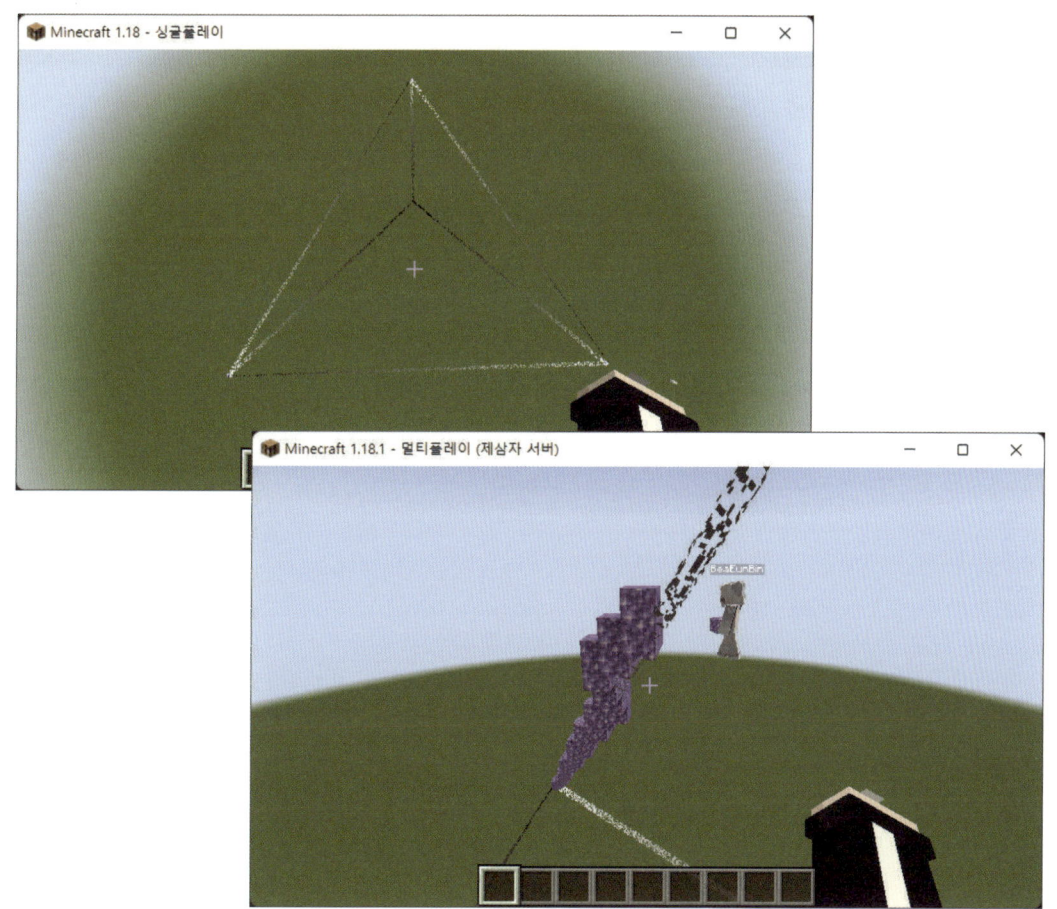

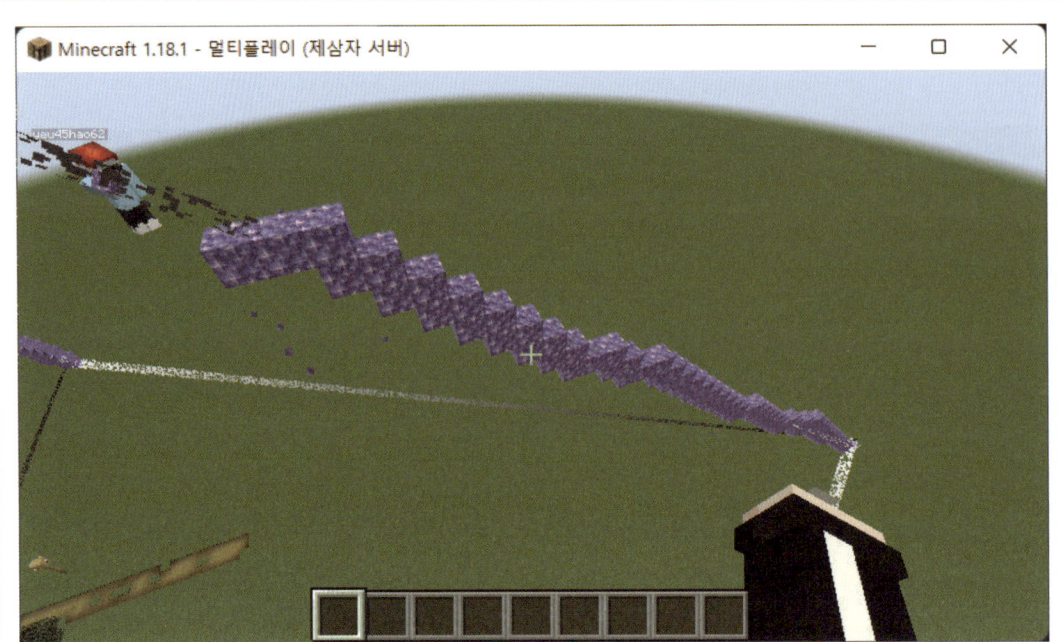

어떤가요? 괜찮은 결과물이죠. 하지만 상당히 긴 시간 동안 작업했다는 단점이 있죠. 건축 전문가는 시간도 중요합니다. 다음 방법은 이지섭 학생과 진행한 방법을 책을 위해 간소화한 것입니다.

새로운 세계에서 아래의 명령어로 이동한 후 닭 개체를 소환하세요. 첫 닭에게 부여된 이름은 p1입니다. 원래는 참여 학생의 아이디를 활용해야 하지만 이지섭 학생의 아이디(EasyServerMaster)는 너무 길어서 수정했습니다. 그리고 태그가 아닌 이름을 변경했다는 것이 특징이죠? 총 3개의 위치에 p1, p2, p3를 만들 것인데 작업자가 그 이름을 볼 수 있다면 좀 더 효과적일 것입니다.

```
/tp 62 -60 5
```
```
/summon minecraft:chicken 62 -60 0 {NoAI:1,Invulnerable:0,CustomNameVisible:1,CustomName:"₩"p1₩""}
```

아래 그림처럼 p1이 해당 위치에 생성되었다면 잘 된 것입니다. 위 명령어의 ₩는 마인크래프트에서는 \로 표시된다는 것도 잊지 마세요.

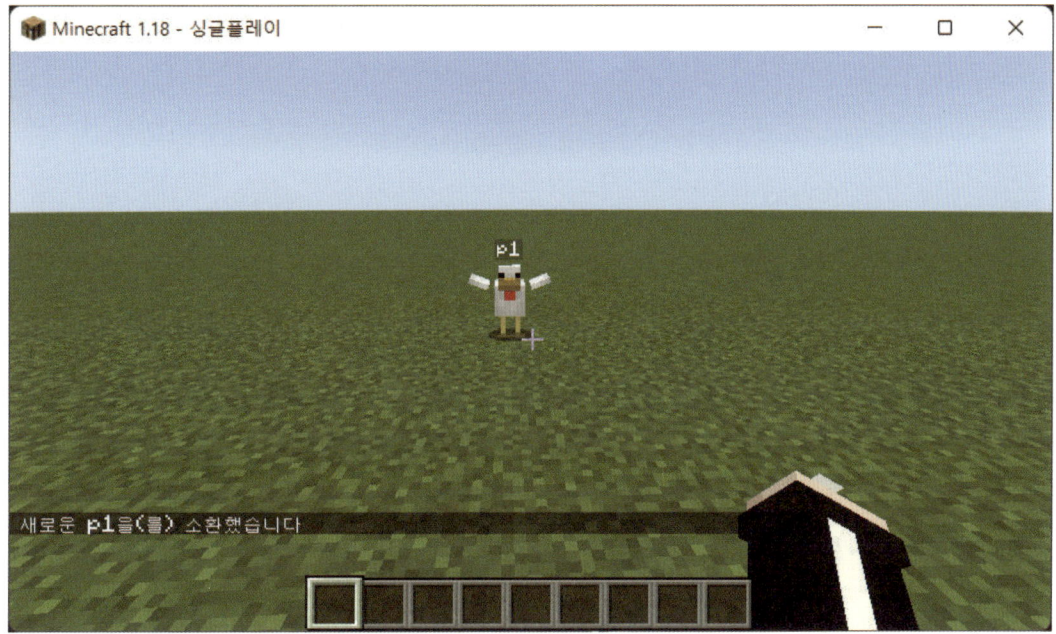

이어서 다음 명령어로 p2와 p3를 생성하세요.

```
/summon minecraft:chicken 124 -60 108 {NoAI:1,Invulnerable:0,CustomNameVisible:1,CustomName:"₩"p2₩""}
```
```
/summon minecraft:chicken 0 -60 108 {NoAI:1,Invulnerable:0,CustomNameVisible:1,CustomName:"₩"p3₩""}
```

그 결과로 다음 그림과 같이 총 3개의 개체가 해당 위치에 생성되었다면 다음으로 넘어가세요.

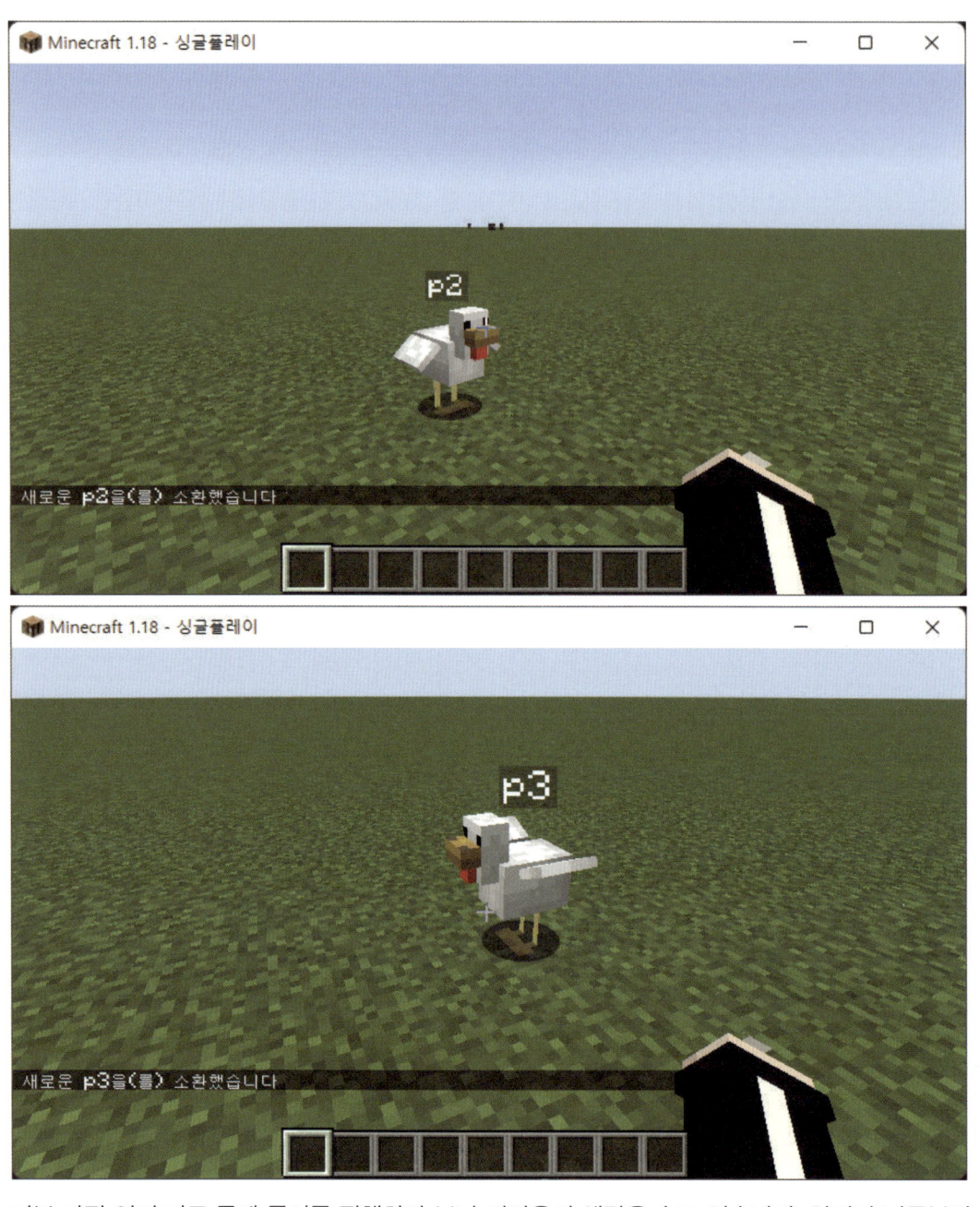

기본 과정 없이 바로 문제 풀이를 진행하다 보니 어려움이 생겼을 수도 있습니다. 하지만 지금부터는 더 어려울 수 있으니 뭔가 잘못되었다면 앞으로 되돌아가 다시 진행하세요. 디버깅 능력이야말로 꼭 필요한 능력이며 디버깅이 가능하다는 것은 실력이 있다는 뜻이 됩니다.

아래의 명령어를 p1 근처에 명령어 블록을 배치하여 입력 후 반복 작동시키세요.

`execute as @e[name=p1] at @s facing entity asap00 eyes anchored eyes run tp ~ ~ ~`

아래 그림처럼 닭이 나를 계속 바라봐야 하며, p2, p3도 아래 명령어를 사용하여 동일하게 코딩하세요.

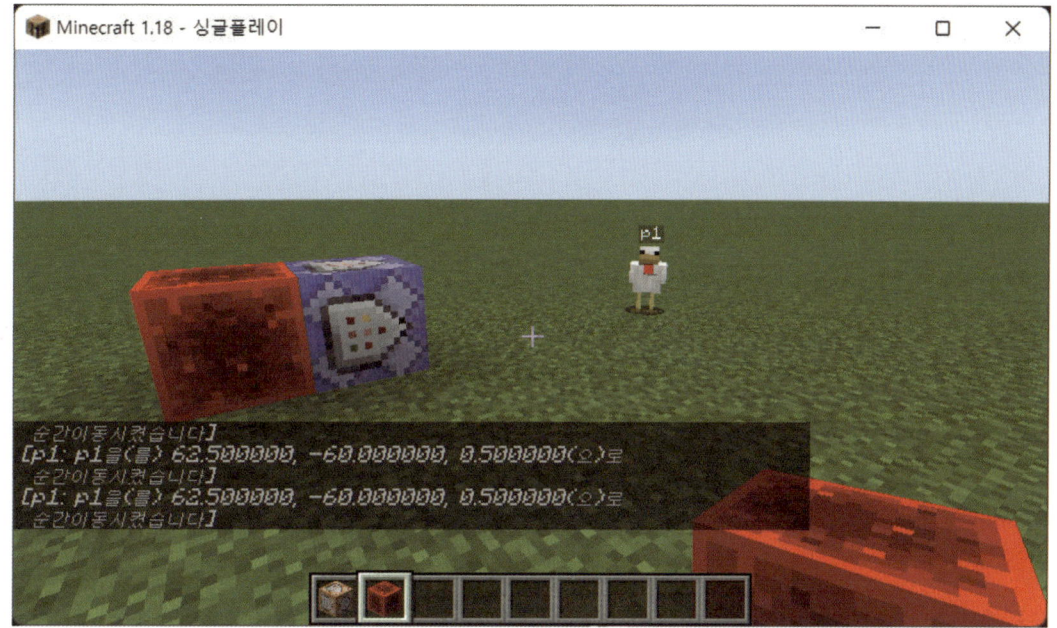

`execute as @e[name=p2] at @s facing entity asap00 eyes anchored eyes run tp ~ ~ ~`

`execute as @e[name=p3] at @s facing entity asap00 eyes anchored eyes run tp ~ ~ ~`

3개의 개체는 각각 별개로 작동하지만 개발자의 목적(객체, object)에 부합하는 결과를 만들어 가고 있습니다.

p1, p2, p3가 플레이어를 바라보는 것이 확인되었다는 것은 개체 준비도 잘 되었다는 것이고, 각 개체들을 움직이게 할 코딩도 잘 준비되었다는 뜻이니 각 명령어 블록의 작동 제어 등록을 할 겸 수동으로 배치한 레드스톤 블록을 air로 변경하세요. 아래의 명령어 좌표는 여러분의 레드스톤 블록 위치와 다를 수 있습니다. 필자의 경우를 예를 들면, 3개의 개체 중 하나인 p2의 레드스톤 블록을 air로 등록하는 과정에 해당하는 그림과 명령어가 다음과 같으니 참조하세요. 다시 말하지만 여러분의 좌표는 다를 것이며 p1, p2, p3 모두 진행해야만 합니다.

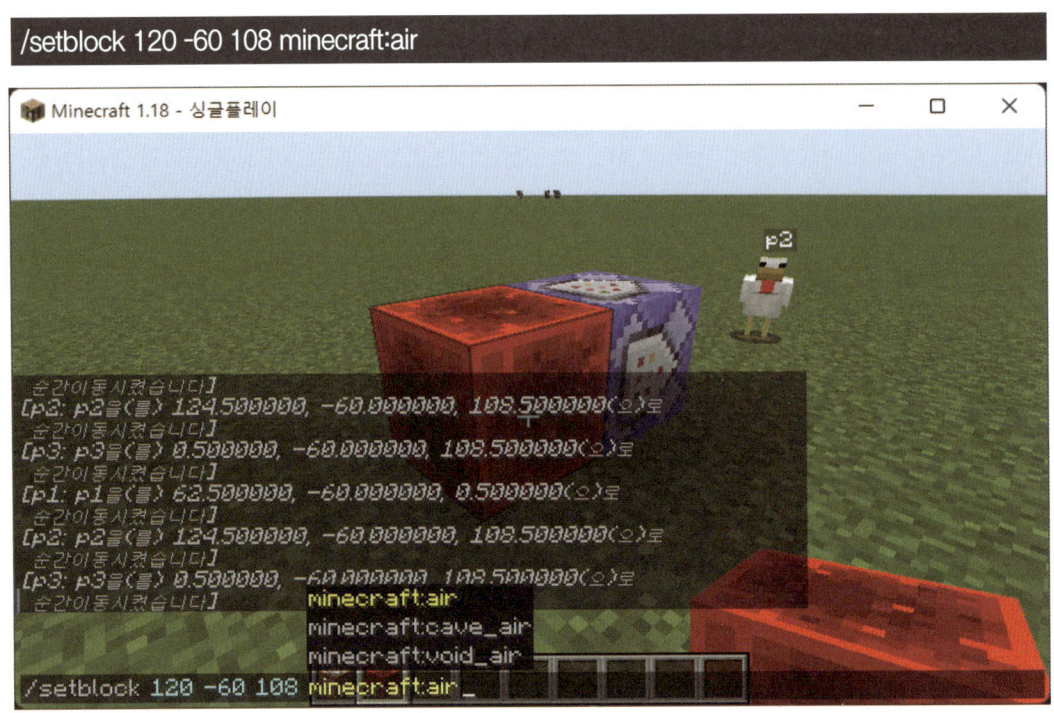

이쯤에서 좌표에 대한 확고한 실력과 기타 코딩, 건축 실력이 있는 사람과 없는 사람의 구분이 명확해질 것입니다. 이 책은 초보자들에게는 그리 친절하지 않습니다.

기존의 책들과 달리 무조건 따라 한다고 결과가 나오지 않습니다. 생략된 설명들은 오로지 여러분이 스스로 해결해 나가야만 하죠. 물론 선생님이나 잘하는 친구의 도움을 받아도 됩니다. 하지만 그렇다 하더라도 결국 자신이 해결할 수 있는 실력이 없다면 무의미한 공부가 될 것입니다.

다음 절차는 3개의 객체를 동일한 시점에 작동시키고 정지시키는 코딩입니다. 이 책에서도 처음 등장하는 방식이고 이해하는 데 다소 어려움이 생기겠지만 앞서 잠시 언급한 것처럼 코딩 실력자들이 사용하는 방법이기에 알아 두면 큰 도움이 될 것입니다. 아래의 명령어 3줄은 앞 페이지에서 작동 제어용으로 등록해 둔 레드스톤 블록의 좌표들입니다. air로 하면 작동을 멈추고 redstone_block으로 하면 작동을 시작하죠. 해당 좌표는 필자만의 좌표라는 것 잊지 마세요.

```
setblock 57 -60 0 minecraft:air
```
```
setblock 120 -60 108 minecraft:air
```
```
setblock -4 -60 108 minecraft:air
```

다음 절차는 아래와 같이 명령어 블록을 준비한 후 위 명령어 3줄을 아래 명령어 블록 왼쪽 3개에 순서대로 입력합니다. 명령어 블록들도 당연히 그에 맞게 설정되어야 하고요.

위 그림의 오른쪽 명령어 블록 3개에는 아래의 명령어들을 입력합니다.

```
setblock 57 -60 0 minecraft:redstone_block
```
```
setblock 120 -60 108 minecraft:redstone_block
```
```
setblock -4 -60 108 minecraft:redstone_block
```

그리고 다음 그림처럼 각 명령어 블록 라인의 작동을 제어하는 레드스톤 블록을 배치하고 등록합니다. Not gate 회로를 추가로 구성하는 것을 추천하고 싶지만 이런저런 설명이 너무 길어지니 사용상 조금 불편해도 논리회로는 적용하지 않겠습니다. 논리회로에 대해서도 충분한 실력이 있다면 직접 적용해 보세요.

이제 당신은 어디서든 아래 그림처럼 왼쪽만 작동시킬 수도 있습니다.

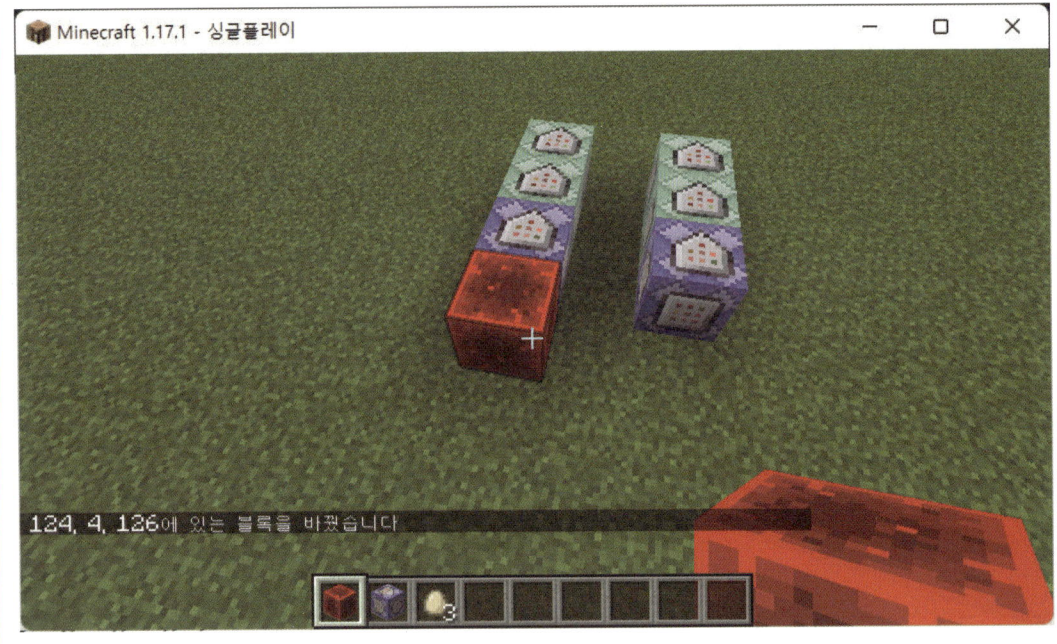

반대로 왼쪽 것을 정지시킬 수도 있죠.

그리고 이어서 아래 그림처럼 오른쪽만 작동시킬 수도 있습니다. 물론 정지시킬 수도 있죠. 중요한 것은 작동을 멈춘 후 다른 명령어 라인을 작동시켜야 한다는 것이고 왼쪽은 하위 3개의 명령어 블록을 정지시키는 기능을, 반대로 오른쪽은 작동시키는 기능을 제어합니다.

회로의 작동과 정지를 제어하는 연습을 몇 번 하세요. 좌표를 눈에 익혀 두고 그 결과를 채팅창 등을 통해 이해해 두기 바랍니다.

이제 다시 p1, p2, p3 옆에 있는 명령어 블록에 아래 그림과 같이 명령어 블록을 추가하고 아래의 명령어를 입력합니다. 이 작업을 시작한 후엔 절대 앞선 전체 회로의 작동 제어 신호를 실행하면 안 됩니다. 피라미드 모양이 엉망이 될 수 있으니까요.

추가된 코드는 천천히 플레이어 쪽으로 다가오게 만드는 것입니다.

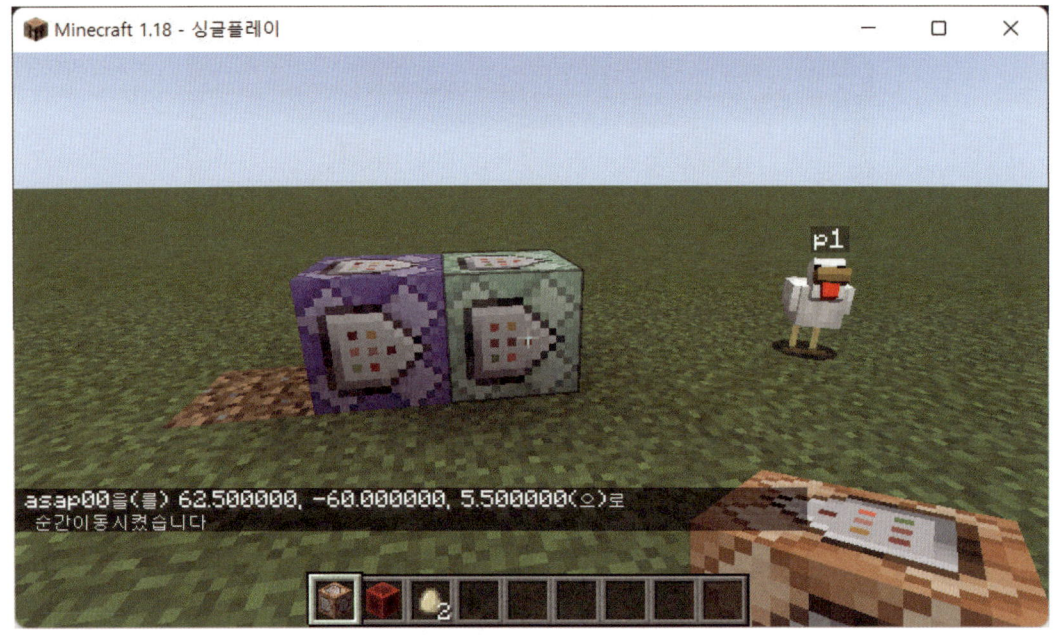

```
execute as @e[name=p1] at @s run tp ^ ^ ^1
```

명령어 블록은 연쇄형, 항상 활성화이어야 한다는 점 잊지 말아야 하고 p2, p3에도 아래의 명령어를 정확히 적용해야 합니다.

```
execute as @e[name=p2] at @s run tp ^ ^ ^1
```
```
execute as @e[name=p3] at @s run tp ^ ^ ^1
```

거의 다 되어 갑니다. '직선 몇 개 그리는데 이렇게 힘들다니….'라고 생각하죠? 지금 동시에 3줄을 만들기 때문에 복잡해 보일 뿐, 한번 이해한 후 직접 원하는 직선을 하나씩 만들어 보면 이 방법이 가장 쉽다고 느낄 것입니다.

아래와 같이 작동 제어 라인 끝에 명령어 블록을 하나 더 추가하세요.

원래 설명이 필요 없다면 p1, p2, p3에 있는 명령어 블록들에 하나하나 추가해야 할 명령어이지만 설명과 이해의 편의를 위해 이렇게 코딩합니다.

이 세계에 닭은 3마리뿐이라는 조건만 만족한다면 문제될 것은 없으니까요.

그리고 새로 추가된 명령어 블록에 아래의 명령어를 입력하세요.

`execute as @e[type=minecraft:chicken] at @s run setblock ^ ^ ^-2 minecraft:cut_sandstone`

맞습니다. 이제 여러분이 지정된 위치로 이동한 후 코드를 작동시키면 닭은 플레이어를 바라보며 천천히 이동할 것이고 그러면서 모든 닭들의 위치 근처에 깎인 사암을 생성할 것입니다.

그리고 여러분은 닭이 도착할 때까지 기다리기만 하면 되는 것이죠. 도착하면 정지시키는 것은 여러분의 몫입니다. 작동과 정지의 쉬운 방법은 많지만 기본기를 위해 이 방법으로 진행합니다. 쉬운 방법 중 한 가지를 다음 예제에서 다룰 예정이니 참고하세요.

아래 명령어로 지정된 위치로 이동부터 합니다.

`/tp 62 0 71`

지금 하고 있는 내용을 이해하고 있다면 당연히 아래 그림처럼 하늘에 떠 있겠죠?

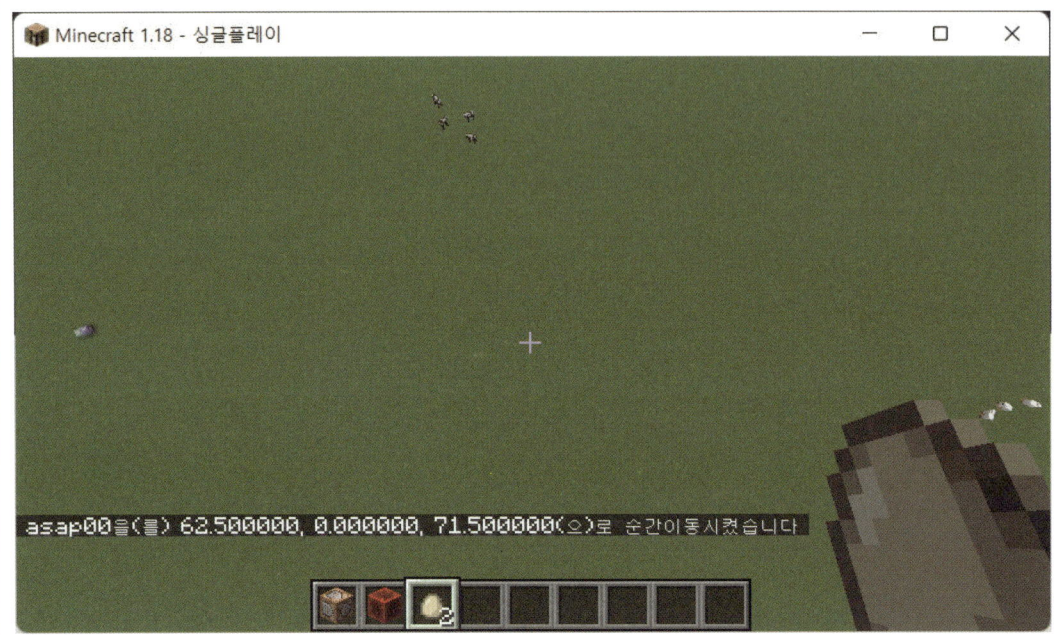

그럼 이제 심호흡을 한 번 하고 아래 필자의 명령어를 참고해서 여러분만의 좌표로 등록된 작동 제어 신호를 실행하세요. 명령어 관리가 어렵다면 각 포인트로 되돌아가서 확인 후 꼭 메모해 두세요. 수첩 말고 컴퓨터상의 메모장 활용을 권장합니다.

`/setblock 57 -60 7 minecraft:redstone_block`

시작하면 다음 그림처럼 변화가 눈으로 보일 것입니다. 긴장을 풀지 마세요. 닭은 의외로 빠르게 당신에게 다가오거든요. 서둘러 정지 절차를 진행해야 합니다.

최종 결과물을 살펴보기 전에 여러분이 방법을 터득하고 직접 실제 건축 활동에 적용할 때를 위한 디버깅용 참고 사항을 다음과 같이 정리해 둡니다.

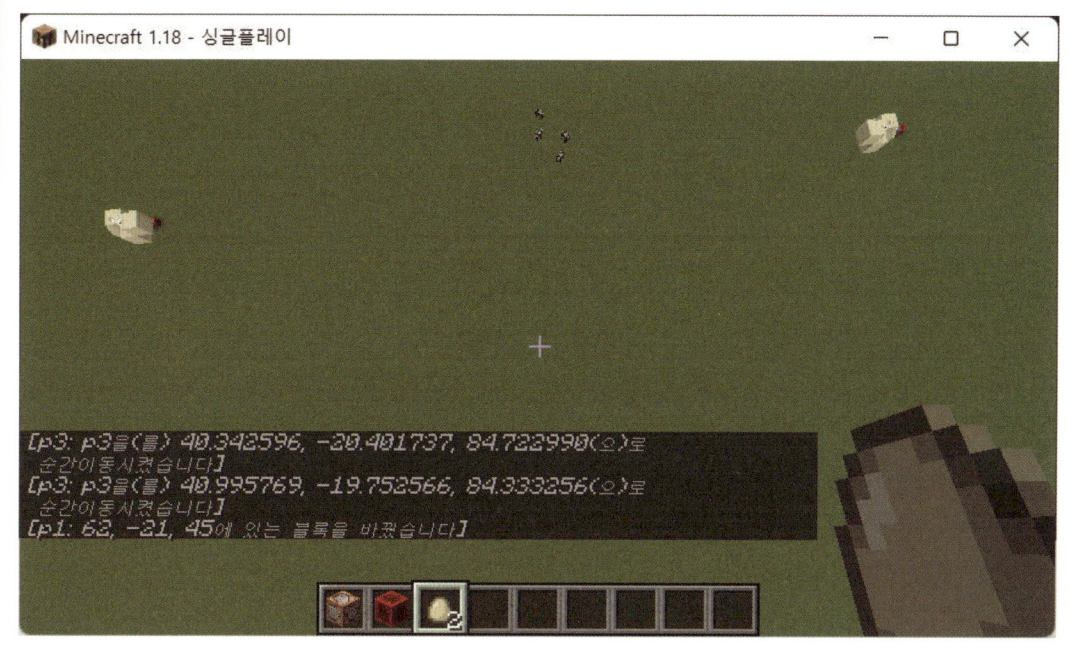

1. 살아 있는 개체는 블록에 밀리거나 끼일 수 있으니 블록 생성 좌표와 개체의 위치를 동일하게 하면 안 됩니다. 위 예제는 거리에 -2를 해 줬으며 이런 방식의 오차는 보정의 필요성이 있습니다.
2. 개체들을 아래 명령어로 골라서 죽일 필요도 있습니다. 새롭게 생성할 땐 꼭 아래 명령어로 정리부터 하세요. 정지신호로 대체할 수도 있습니다.

`/kill @e[type=minecraft:chicken]`

3. 메모장을 항상 준비해서 필요한 명령어들을 복사해 두고 해당 명령어에 주석을 달아 두세요. 아래 그림처럼 말이죠. 사람의 머리는 생각을, 컴퓨터는 기억과 실행을 하는 겁니다.

```
*memo.txt - 메모장
파일(F)  편집(E)  포맷(O)  보기(V)  도움말(H)
/setblock 57 -60 7 minecraft:redstone_block   // 작동 시작
/setblock 57 -60 7 minecraft:air   // 작동 시작 신호 제거
/setblock 60 -60 7 minecraft:redstone_block   // 작동 정지
/setblock 60 -60 7 minecraft:air   // 작동 정지 신호 제거

작동 시작할 때는 위 첫 명령어만 실행.
정지할 때는 두번째 명령어부터 3개 모두 실행. // 주의!!! 손가락이 느리면 닭을 죽이자.
```

결과물이 아래 그림처럼 잘 나왔나요? 베이스에 해당하는 라인은 작업하지 않았으니 당연히 없을 것입니다. 단지 꼭지점으로 향하는 3개의 라인만 있으면 성공인 것이죠.

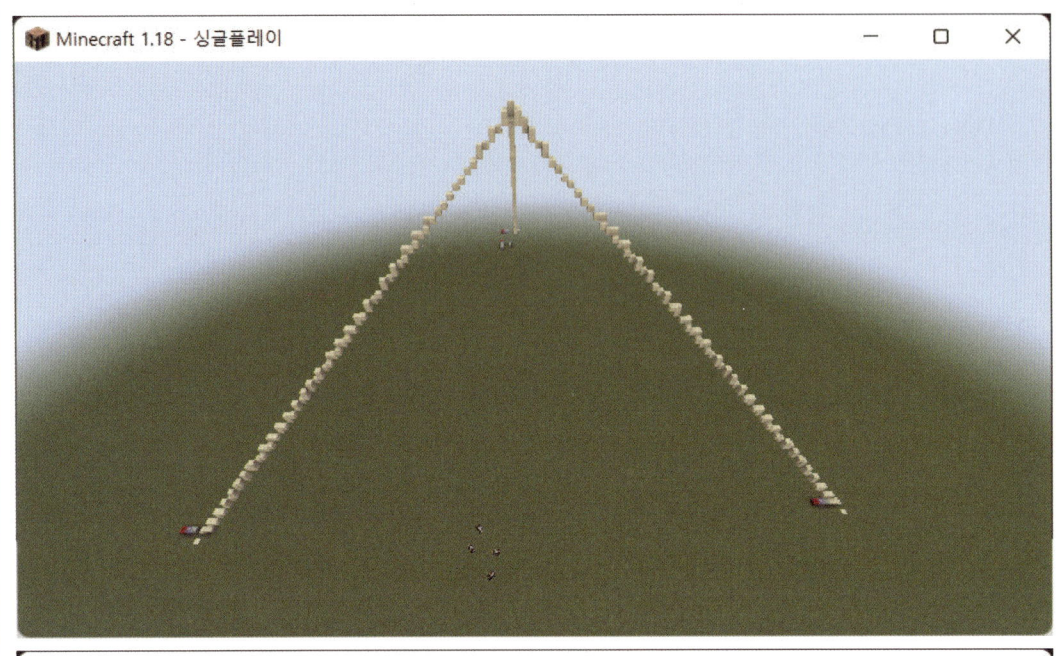

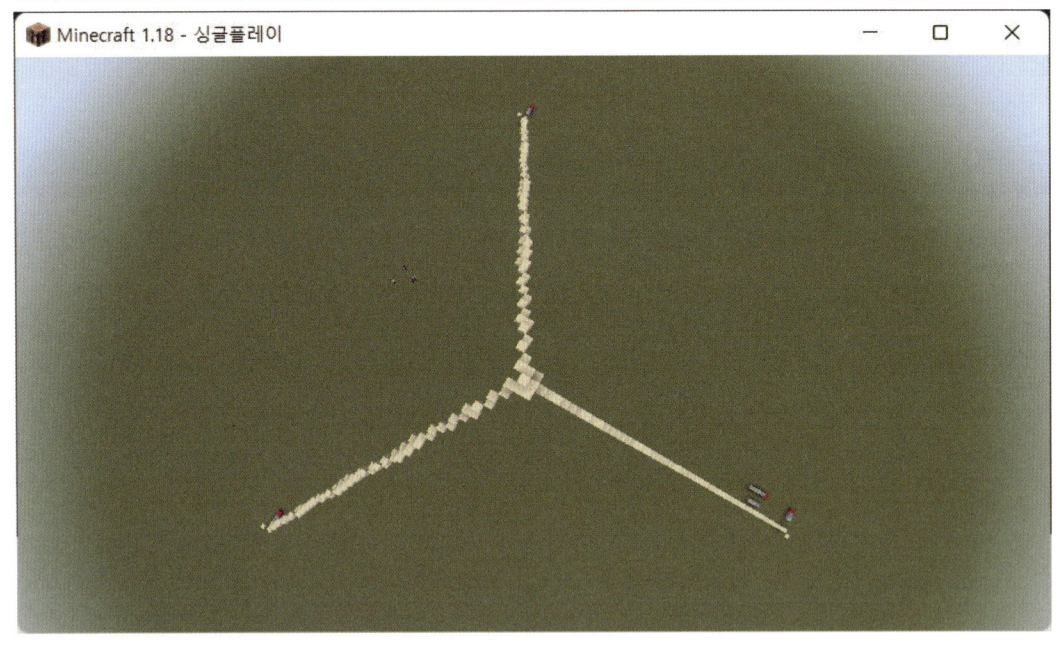

진행 중 플레이어가 적당히 움직인다면 아래와 같은 형상들도 가능합니다. 이 얘기는 이미 당신은 곡선을 만들 수 있게 되었다는 것이며, 개체를 2개 이상 늘린다면 기하학적 곡선들도 만들 수 있습니다. 하지만 포물선이나 삼각함수에 근거한 곡선들은 수학적 상식을 갖추고 진행할 필요가 있으니 이 책에서는 생략합니다. 자유롭게 곡선을 만들며 연습해 보세요.

연습문제 4-6

아래 그림은 이지섭 학생과 만든 구를 간소화한 것입니다. 구는 상대적으로 간단합니다. 수학적으로도 한 점으로부터 거리가 동일한 점들의 모임이라고 간단히 정리되니까요. 또한 플레이어가 직접 구를 만드는 방법이 워낙 쉬워서 활용 가치는 떨어집니다.

하지만 그렇다고 무시할 수는 없겠죠? 한번 만들어 봅시다.

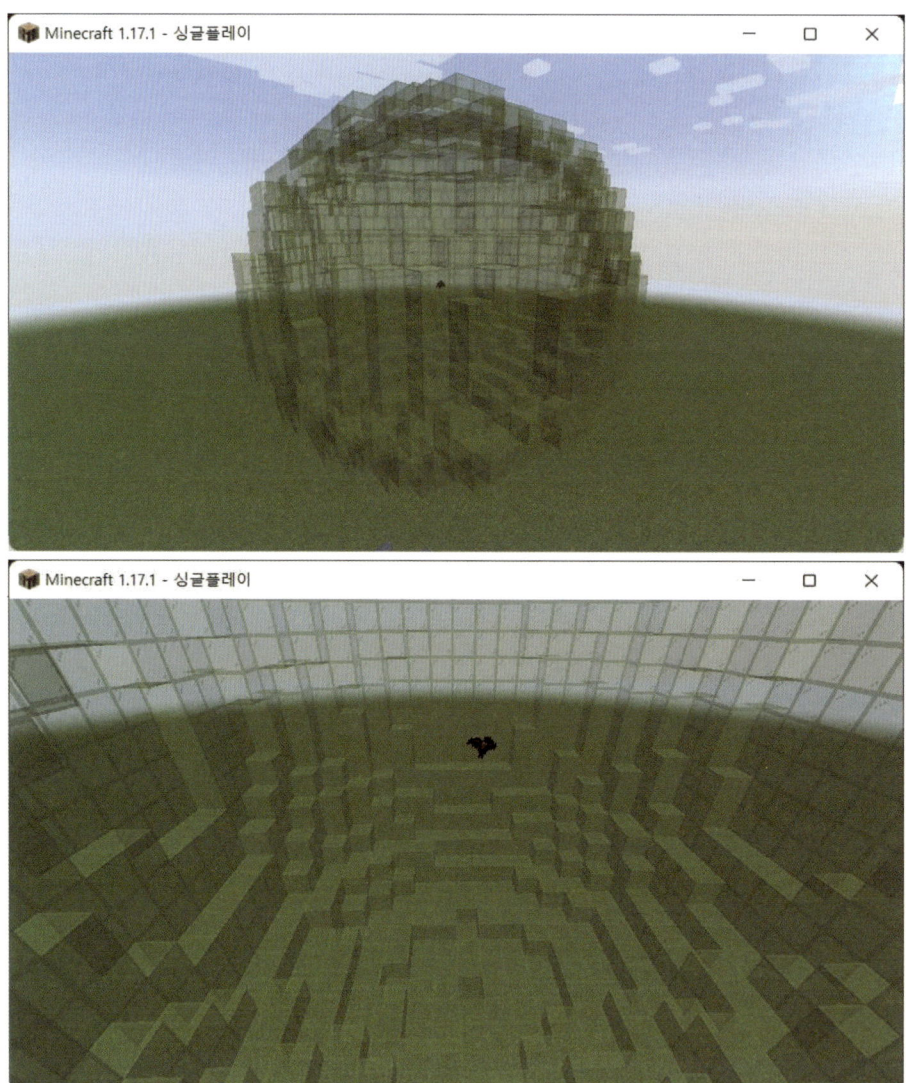

풀이 설명

가장 먼저 아래 명령어로 박쥐를 생성합니다. 물론 해당되는 좌표 근처로 먼저 이동한 후 진행해야죠.

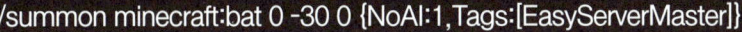
/summon minecraft:bat 0 -30 0 {NoAI:1,Tags:[EasyServerMaster]}

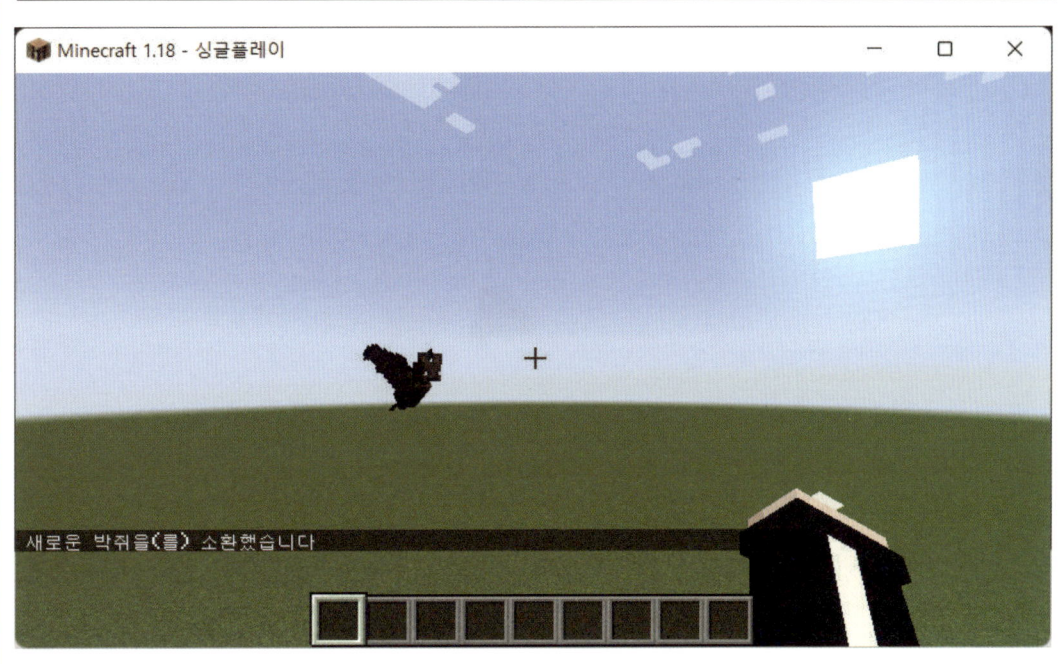

개체를 생성하면 바라보는 방향은 정남향입니다. 위아래도 정면을 바라보죠. F3을 눌러 여러분의 디버깅 정보를 통해 확인해 봐도 좋고, 아래의 명령어로 박쥐의 시선이 변하지 않는다는 것을 다시 확인해도 좋습니다.

/tp @e[tag=EasyServerMaster,limit=1] 0 -30 0 0 0

중요한 것은 고개를 오른쪽으로 돌리면 Pan 값이 커지고, 고개를 아래로 내리면 Tilt 값이 커진다는 겁니다.

박쥐의 마지막 준비 절차는 아래의 명령어로 고개를 수직으로 들게 하는 것으로 끝입니다. 하늘을 보고 있는 겁니다. 아래 그림처럼 말이죠.

```
/tp @e[tag=EasyServerMaster,limit=1] 0 -30 0 0 -90
```

다음은 사람의 준비 절차입니다. 다음의 명령어를 그림처럼 명령어 블록에 입력하고 반복형, 항상 활성화로 설정합니다. 그 뒤 막대기를 보관함에서 찾아 오른손에 들어 보세요.

```
execute as @a[nbt={SelectedItem:{id:"minecraft:stick"}}] at @s run say "go"
```

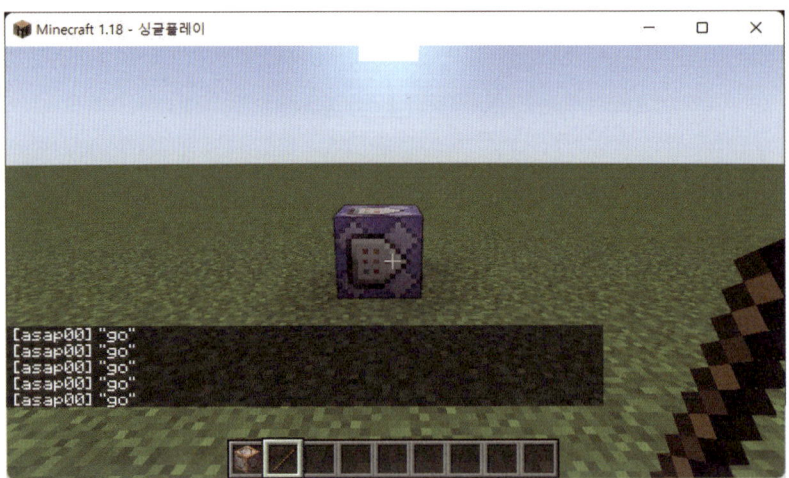

"go"라는 채팅 글이 확인되었다면 해당 명령어 블록의 명령어를 아래와 같이 수정하세요. 이제부터는 막대기를 들면 안 됩니다.

execute as @a[nbt={SelectedItem:{id:"minecraft:stick"}}] at @s run execute as @e[tag=EasyServerMaster,limit=1] at @s run tp @e[tag=EasyServerMaster,limit=1] ~ ~ ~ ~1 ~0.05

그리고 아래 그림과 같이 명령어 블록을 하나 추가하여 아래 명령어를 입력하세요.

execute as @a[nbt={SelectedItem:{id:"minecraft:stick"}}] at @s run execute as @e[tag=EasyServerMaster,limit=1] at @s run setblock ^ ^ ^10 minecraft:cyan_stained_glass

위 추가된 명령어 블록은 역시 연쇄형, 항상 활성화로 설정되어야 하며 그로 인해 박쥐 머리 10칸 위에 블록이 생성되기 시작했을 겁니다. 그래도 문제될 것은 없어요.

이제 드디어 박쥐 근처로 올라갈 시간입니다. 그리고는 막대기를 오른손에 들어 보세요.

위 그림처럼 빈 공간이 생기는 것이 맞습니다. 앞선 명령어에서 Tilt 각도를 0.05로 했기 때문이며 0.01로 하면 더 촘촘해지지만 너무 느리기 때문에 정상 작동하는지 아닌지 구분이 어렵거든요. 이렇게 문제 없이 작동하는 것을 확인했다면 0.01이나 더 낮은 값으로 설정해서 다시 해 보세요. 하지만 상당히 긴 시간이 소요될 것입니다. Pan 값을 키워도 좋아요. (Ex. Pan 2, Tilt 0.04 그리고 블록 생성 거리 8) 그리고 아래 그림과 같이 박쥐의 Tilt 각도가 90도가 되면 더 이상 바뀌지 않아요. 제자리에서 회전만 할 뿐이죠. 그러니 막대기를 더 이상 들고 있을 필요 없습니다.

다시 시작하고 싶다면 아래 명령어로 박쥐의 고개를 재설정해야 합니다.

```
/tp @e[tag=EasyServerMaster,limit=1] 0 -30 0 0 -90
```

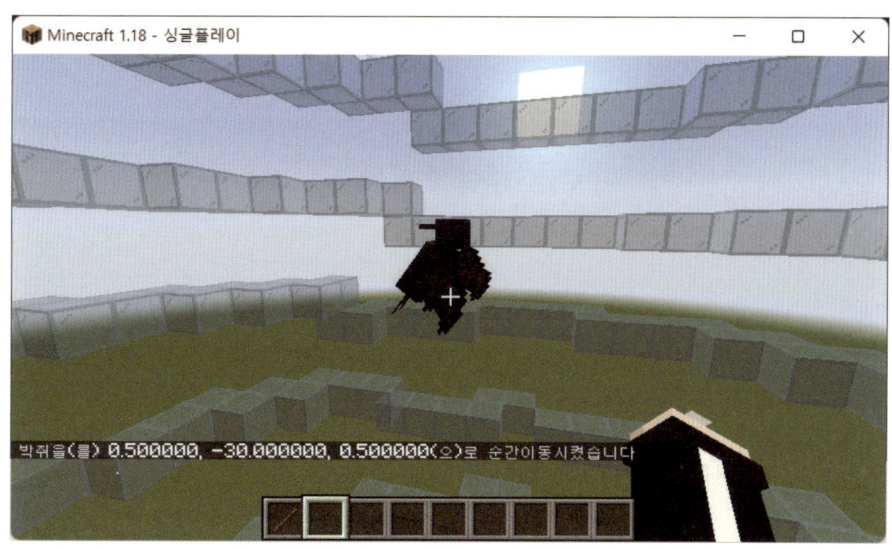

중요한 것은 지금과 같이 구가 만들어진다는 것이죠. 구의 크기에 따라 속도 조절을 해야만 충분한 형태가 나올 것입니다. 그리고 속도 조절 및 초기 각도 조절을 한다면 아래와 같이 구는 물론 반구도 만들 수 있습니다. 이쯤 되면 원도 쉽다고 느껴지죠?

구, 반구, 원, 반원, 포물선, 원기둥, 원뿔, 원통, 스프링 등 모든 형태가 가능합니다. 또 다른 연습 문제를 풀어 볼 필요도 없이 아래 명령어로 수정한 후 만들어진 원기둥과 스프링 그림을 함께 보며 이 책을 마무리하겠습니다. 이 책의 독자가 많길 기대하고 그로 인해 다음 책도 출간하길 희망하며 여러분을 기다리겠습니다.

```
execute as @a[nbt={SelectedItem:{id:"minecraft:stick"}}] at @s run execute as @e[tag=EasyServerMaster,limit=1] at @s run tp @e[tag=EasyServerMaster,limit=1] ~ ~0.01 ~ ~1 ~
```

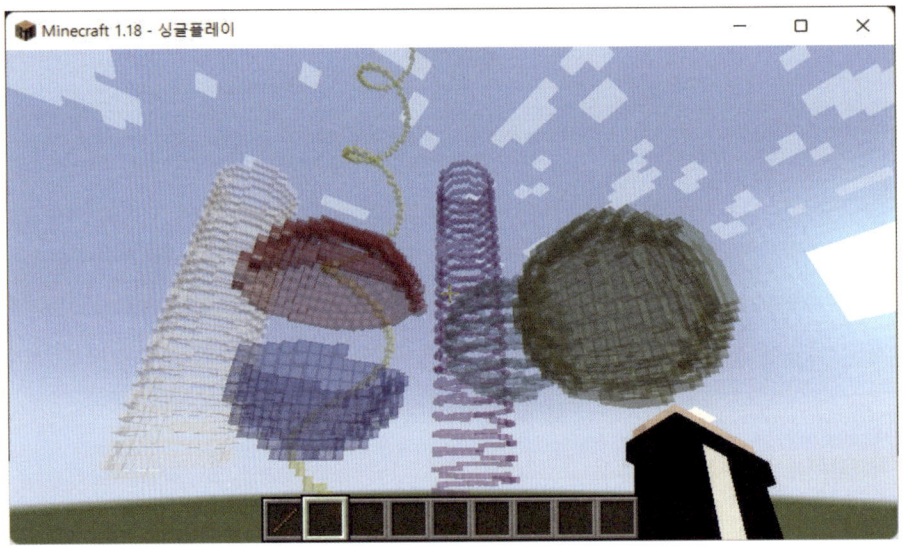

끝내는 글

—

　단세포는 생각할 줄 모릅니다. 그러나 단세포도, 그 몇 개가 모인 원시적 다세포 생물체(미생물)들도 생존을 위해 먹이를 찾거나 번식하고 위험을 회피하며 학습과 진화를 한다는 것을 봤을 때 무조건 생각을 못 한다고 치부할 수는 없을 것입니다.

　아무리 단순한 코드라도 그것을 무시할 수 없다는 말입니다.

　미생물에서 멈춘 개체들도 있지만 큰 규모로 진화해 나간 개체들도 있습니다. 그것들은 역할을 분담하고 모두를 위해 내가 할 일에만 집중하며 서로 희생을 통해 공생하는 방법을 택한 거죠.
　그렇게 플랑크톤과 같은 보다 더 큰 개체가 되고 지구 환경에 유리한 형태까지 진화해 나갔습니다. 획기적인 것은 흐늘거리는 몸체의 부족함이나 겉이 딱딱한 형태로의 진화가 아닌 지금 인류처럼 단단한 기둥이 되어 주는 몸속의 뼈 형태로의 진화를 택한 개체들도 있었죠. 미생물이나 그보다 조금 큰 개체군에서도 나타났겠지만 필자의 개인적인 생각으로는 인간이 속한 일반적인 크기의 개체군에서 가장 초기의 형태는 산호초 같습니다. 필자의 생각을 전하기 위해 근거가 부족한 이야기를 하고 있지만, 원시적 다세포들이 스스로의 생존 능력을 확보하기 위해 어떤 개체들은 단단한 뼈가 되고, 그 주변을 다른 개체들이 감싸며 생존에 필요한 영양분을 나누거나 생존에 필요한 활동을 분담하도록 완전히 다른 개체로 진화한 거죠. 그 뒤엔 무엇이 필요했을까요? 한곳에서만 정착해서는 생존에 제한적임을 알았을 것입니다. 그래서 결국 이동을 시작했겠죠. 이렇게 진화를 하게 된 결과 현재의 양서류, 파충류도 나오고 빠르게 달려야만 생존할 수 있었던 지구 환경에 적응하

려다 보니 한 번의 점프 도약으로 최대한 멀리 갈 수 있도록 팔에 있던 털은 깃털로 변화하고 빠른 속도를 유지하며 방향 조절 등을 하기 위해 머리 뒤쪽과 다리 등의 털들도 그에 맞게 변화(털보단 다른 구조 변화가 더 크고 획기적임)하여 조류가 나타났으며 지구 환경의 변화를 무조건 피해 다니는 게 아니라 그 자리에서 적응하고 살아남기 위해 포유류도 나오게 된 것이죠. 바로 생존이라는 객체를 지향한 결과입니다. (보편적인 생물학, 뇌 과학 등에 근거하지 않은 객체와 개체를 설명하기 위한 지극히 주관적인 관점임을 다시 밝힙니다.)

결국 이렇게 수없이 많은 세포들은 각각의 판단에 근거하여 장기적 전략적 생존 방법에 따라 조금씩 학습하고 진화해 나갔다는 것이 필자의 생각입니다.

뜬금없는 이 이야기의 목적은 이것입니다. 프로그램을 하나의 덩어리로 만들던 시절은 이제 끝났습니다. 하나의 코드, 하나의 기능을 수행하는 여러 개의 프로그램들이 서로의 상태와 정보를 공유하며 하나의 목적을 위해 작동해 나가야만 효율적이고 효과적인 프로그래밍 그리고 프로그램이 되는 것이죠. 그것이 바로 객체지향 프로그래밍입니다.

현재 너도나도 AI(인공지능)를 공부해야 전문적인 프로그래머가 된다고 생각하지만 절대 그렇지 않아요. AI는 자동제어의 한 부류일 뿐 주인공이 될 수 없습니다. 핵심은 여러분이 개체들이 무엇인지 알아야 하고 수많은 개체들의 관계를 설계할 수 있어야 하며 객체지향 프로그래밍으로 그것들을 제어하고 궁극적으로 이루고자 하는 목적을 달성하도록 코딩하고 프로그래밍을 할 수 있어야 한다는 것입니다. 그래야만 여러분이 원하는 세상을 스스로 만들어 갈 수 있어요.

이야기를 보태자면 사람의 생각은 뇌세포만의 결과물이 아닙니다. 뇌세포의 작동 체계를 모사하는 게 AI 기법인데 이것만으로는 우리가 꿈꾸는 인공지능을 구현할 수 없습니다.

당장 하나만 봐도 그렇죠. 여러분의 감정은 어디에서 나오나요? 논리적 생각이나 기억에 기반한 생각은 뇌에서 나온다고 보지만 감정, 오감이 아닌 느낌, 공감 등은 어디서 나오죠? 가장 일반적인 답은 가슴이라고들 합니다. 가슴에 특정 기관이 있는 건 아니지만 뇌세포 외의 다른 세포들의 대표로서 가슴이 지칭된 것이라고 생각해야겠죠.

결국 몸의 모든 세포들은 각자의 기능을 구현하기 위해 대부분의 사고 처리를 뇌세포들에게 전담시켰지만 특별히 위험한 상태에 노출되거나 중요한 판단 등은 대부분의 다른 세포들의 판단 결과에 따라 결정된다는 것이 필자의 생각이며, 수십 년간 프로그램을 개발해 온 경험에 비추어 볼 때 가장 효율적인 수많은 개체 집합을 운용하는 방법이라는 생각이 듭니다.

이렇게 이야기하고 보면 인류의 모든 시스템은 이런 형태로 발전해 왔습니다. 학교도, 도시도, 국가도 모두 각자의 역할에 집중하면서 필요에 따라 개개인의 의견이 중요 사안에 영향을 주는 것이죠. 누군가는 편한 역할을 하기도 하고, 누군가는 많은 것을 누리는 역할도 하지만 그보다 더 많은 사람들은 희생하는 역할을 하고 있습니다. 원하는 역할, 여러분의 꿈을 이루기 위해서는 누구보다 더 그 역할에 어울리는 사람이 되어야겠죠? 노력하다 보면 언젠간 꼭 그렇게 될 것입니다. 안 된다고 해도 실망하지 마세요. 여러분은 무엇이 되든 개체와 객체지향으로 움직이는 전체 시스템에 꼭 필요한 개체입니다.

함께한 친구들

—

2학년 최지호

5학년 권호연　　　　　　　　　　5학년 김태환

4학년 배은빈　　　　　　　　　　6학년 김대현

6학년 이지섭　　　　　　　　　　5학년 한예성

　코로나19로 인해 비대면 수업을 진행하였습니다. 기존 대면 수업에 비하여 수업 시간도 짧았고, 수업 이해도와 완성도가 마스터 학생 한 명 외엔 다소 부족하였습니다. 그래서 마스터(EasyServerMaster)를 중심으로 실질적인 책 내용을 재작업하였고, 부족한 부분은 기존 대면 수업을 함께했던 졸업생(『마인크래프트로 배우는 코딩』에서의 기획자이자 현 중학교 3학년 홍상아)의 조언을 반영하였습니다.

마인크래프트로
배우는 코딩
-대형건축

ⓒ 아삽 이상원, 2022

초판 1쇄 발행 2022년 2월 22일

지은이	아삽 이상원
펴낸이	이기봉
편집	좋은땅 편집팀
펴낸곳	도서출판 좋은땅
주소	서울특별시 마포구 양화로12길 26 지월드빌딩 (서교동 395-7)
전화	02)374-8616~7
팩스	02)374-8614
이메일	gworldbook@naver.com
홈페이지	www.g-world.co.kr

ISBN 979-11-388-0685-5 (73000)

- 가격은 뒤표지에 있습니다.
- 이 책은 저작권법에 의하여 보호를 받는 저작물이므로 무단 전재와 복제를 금합니다.
- 파본은 구입하신 서점에서 교환해 드립니다.

KC마크는 이 제품이 공통안전기준에 적합하였음을 의미합니다.
책장에 손이 베이지 않게, 모서리에 다치지 않게 주의하세요.